经济心理学案例

于泳红

主 编

窦东徽

副主编

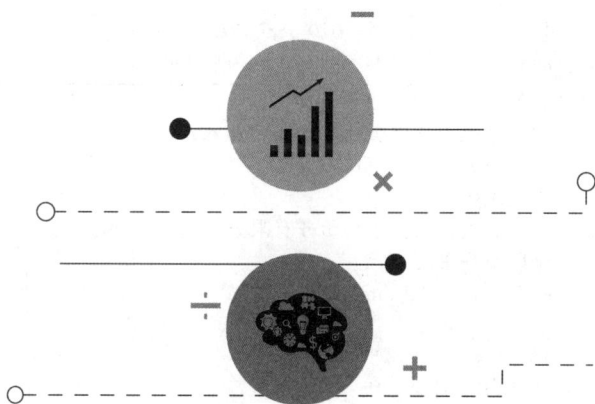

中央财经大学应用心理专硕（MAP）专业建设成果
中央财经大学社会与心理学院学科推进计划项目成果
中央财经大学研究生精品教材建设项目成果
中央财经大学课程教学团队(经济心理学)项目成果

北京师范大学出版集团
BEIJING NORMAL UNIVERSITY PUBLISHING GROUP
北京师范大学出版社

图书在版编目（CIP）数据

经济心理学案例/于泳红主编，窦东徽副主编. —北京：北京师范
大学出版社，2018.1
 ISBN 978-7-303-22122-6

 Ⅰ．①经…　Ⅱ．①于…②窦…　Ⅲ．①经济心理学-案例
Ⅳ．①F069.9②B84

 中国版本图书馆 CIP 数据核字（2017）第 026320 号

营　销　中　心　电　话　010-58805072　58807651
北师大出版社高等教育与学术著作分社　http://xueda.bnup.com

JINGJI XINLIXUE ANLI

出版发行：北京师范大学出版社　www.bnup.com
　　　　　北京市海淀区新街口外大街 19 号
　　　　　邮政编码：100875
印　　刷：大厂回族自治县正兴印务有限公司
经　　销：全国新华书店
开　　本：787 mm×1092 mm　1/16
印　　张：11
字　　数：181 千字
版　　次：2018 年 1 月第 1 版
印　　次：2018 年 1 月第 1 次印刷
定　　价：49.00 元

策划编辑：何　琳　　　　　责任编辑：王星星　张凌敏
美术编辑：李向昕　　　　　装帧设计：尚世视觉
责任校对：陈　民　　　　　责任印制：马　洁

前　言

　　经济学的历史源远流长，经济心理学则和心理学一样，"有一个漫长的过去，却只有一个短暂的历史"。1902 年，法国社会心理学家让·加布里埃尔·塔尔德（Jean Gabriel Tarde，1843—1904）出版了一本名为《经济心理学》的著作，这可能是"经济心理学"一词首次被正式提及，它提醒人们要用心理学的观点分析经济行为，因此，该书的出版也被视作经济心理学诞生的标志。整整 100 年后的 2002 年，心理学科班出身的学者丹尼尔·卡尼曼（Daniel Kahneman）以"不确定情境下的决策研究"获得了当年的诺贝尔经济学奖，让经济心理学真正成为举世瞩目的焦点，也让整个学界为之振奋。从此，经济心理学走上了蓬勃发展的快车道，释放出巨大的理论和现实能量。

　　一直以来，传统经济学对人性的假定都秉持理性人的基本假设，并在此基础上构建有关个体经济行为的理论和模型。然而，人们在现实中的很多经济决策却明显背离了传统经济学有关理性人及效应最大化的基本假定。例如，人们通常会过早抛售正在上涨的股票，放弃本应获得的更大收益，同时却继续持有正在下跌的股票，任由损失增加；证券市场的交易量和当天的天气存在稳定的关联；经济萧条时，大部分商品的销量都有不同程度的下滑，而口红的销量却会上升……面对这些现象，人们逐渐意识到，理性人只是一种理想化的理论抽象。由于现实生活中的个体进行经济决策时会不可避免地受到各种心理因素的影响和制约，所以最终决策指向的不是经济利益的最大化，而是心理效用的最大化。

当越来越多的研究者意识到传统的经济学假设所遭遇的瓶颈时，他们纷纷转向心理学寻求突破，结果令人欣喜：心理学的诸多重要发现（由于认知资源的有限性，人们往往依靠各种直觉和启发式做出判断，人的各种心理属性，如个性、情绪、价值观、态度等，无时无刻不对其行为产生影响）能够为经济生活中的各类违背传统经济学假设的行为"异象"提供根源性的解释。经济心理学强调以心理学的视角去理解和分析经济活动中的人及其行为，能够有效地弥补传统经济学基本假设与现实经济行为之间缺失的一环。到目前为止，该领域在理论和实践上都取得了丰硕的成果，其中的前景理论、心理账户理论、禀赋效应理论和后悔理论等对个体的经济决策有着很强的解释效力。丹尼尔·卡尼曼、阿莫斯·特维斯基、理查德·泰勒、保罗·斯洛维奇等经济心理学家越来越为人们所熟知，他们的研究成果正广泛应用于金融、保险、营销等诸多经济生活领域。

中央财经大学是国内最早设立经济心理学专业的高校，有着丰富的经济心理学教学实践经验。作为担任经济心理学教学任务的教师，我们深切地体会到，要想使一门应用性很强的课程取得良好的教学效果，案例教学是必要之选，也是不二之选。因此，编写符合经济心理学教学内容且生动、贴切、针对性强的教学案例就显得十分重要了。同时，我们也深切体会到，身处一个快速发展的时代，在经济社会中不断发生的各类新闻、事件为经济心理学理论提供了绝佳的注脚，也为经济心理学案例的写作提供了丰富的素材。基于教学的现实需求，本人及同事窦东徽老师联合组织同事编写了这本《经济心理学案例》，希望为经济心理学的教学和人才培养尽绵薄之力。

本书的编写遵循了参照典范、主题明确、便于教学的原则。首先，在案例的格式上，我们综合了国内外商学院和经济、金融类教学案例的格式，包括摘要、关键词、案例描述、教学目标、教学对象、课堂讨论、教学计划、课堂时间计划、问题分析和后继应用共计 10 个部分。其次，在案例材料的选择上，因为一个事件可能涉及多个经济心理学知识点，所以，尽量挑选具有典型性、不易引起分歧的材料。最后，每个案例包含针对学生和教师的两个部分。针对学生的部分有摘要、关键词和案例描述；针对教师的部分则包括教学目标、教学对象、课堂讨论、教学计划、课堂时间计划、问题分析以及后继应用，为教师开展案例教学提供了具体化、可操作的指导。

本书共有21篇案例，其中第1～3篇案例涉及的经济心理学理论包括理性人假设、效用理论和心理账户，第4～9篇案例涉及金融心理学领域的基于人类认知能力的有限性而表现出的各种典型效应，如锚定效应、参照依赖、风险感知、沉没成本、赌徒谬误、证实偏差，第10篇和第11篇案例则针对投资者身上出现的典型问题——自我控制和羊群效应，第12～17篇案例主要涉及的是广告和营销心理学，第18、19篇案例为幸福经济学案例，第20～21篇案例为管理心理学案例。

本书是中央财经大学社会与心理学院心理系师生集体智慧的结晶，其中于泳红副教授撰写了7篇案例，窦东徽副教授撰写了6篇案例，汪波副教授撰写了3篇案例，冯源副教授和傅鑫媛博士分别撰写了2篇案例，应用心理专硕研究生丁美婷撰写了1篇案例。感谢各位参与本书编写工作的老师和同学，此外还要衷心感谢北京师范大学出版社编辑何琳老师的全力支持与认真校阅。

尽管在案例编写中我们尽力审慎地选择材料、充分地讨论并提出典型问题，但由于时间和水平有限，案例材料和问题分析难免会出现纰漏或错误。我们衷心地希望广大读者、同行多多包容并不吝赐教，也力争在今后的修订中不断丰富和完善本书，使之成为经济心理学教学中更加实用的教辅材料。

于泳红

2018年1月于北京

目录

1. 理性人假设

一位前对冲基金经理引发的药品涨价风波

窦东徽

摘要

2015 年 9 月，由一位名叫马丁·史克莱利（Martin Shkreli）的前对冲基金经理新成立的医药公司，买下了一种艾滋病患者的关键性药物达拉匹林（Daraprim，活性成分为乙胺嘧啶）的独家生产权，之后迅速提价约 55 倍，每片药的价格从原本的 13.5 美元变成了 750 美元。这一举动随即引发了全国性对价格欺诈的抗议。起初，史克莱利声称不会降价，并对涨价行为进行了辩解。这一做法进一步激怒了民众和媒体，甚至引发了美国民主党总统候选人、美国前第一夫人希拉里的愤怒和不满。希拉里发出的声称要推动法案打击此类行为的推文导致了生物制药板块的暴跌，跌幅创 2015 年以来之最，市值蒸发 400 亿美元。迫于各方压力，史克莱利表示会对达拉匹林进行降价，但没有明确给出降价时间和降价幅度。民众鉴于史克莱利失败的基金经理的经历和一贯的商业投机做法，不看好他做出的降价的承诺。

关键词

理性人假设、道德风险、经济心理学

2015 年 9 月下旬，美国各大媒体的目光都聚焦在了一位 32 岁的前对冲基金经理身上。事情的起因是，由这位前对冲基金经理新成立的医药公司在买下了达拉匹林——一种艾滋病患者的关键性药物——的独家生产权之后，将该药物的单片价格从 13.5 美元提高到了 750 美元。这随即引发了全国性对价格欺诈的抗议。这位身处舆论风暴中心的前对冲基金经理叫史克莱利。

史克莱利其人

1983 年的纽约布鲁克林，在一个由阿尔巴尼亚和克罗地亚移民组成的工人家庭里，史克莱利出生了。他天资聪颖，读书期间多次跳级，并于 2004 年获得纽约巴鲁克学院(Baruch College)的商科学位。2006 年，史克莱利成为纽约对冲基金公司 MSMB 资本管理(MSMB Capital Management)的联合发起人之一，这一年他才 23 岁。2011 年，美国食品药品监督管理局被史克莱利要求不认可他做空的公司及其成果。同年，他因押注生物技术板块失败，造成巨大损失而不得不离开 MSMB。后来，他组建了一家叫作雷特罗芬(Retrophin)的新公司，以期偿还投资者的钱款。当时，愤怒的投资者还声称要在史克莱利离开 MSMB 公司后起诉他。

然而新公司也没能让史克莱利东山再起，甚至没有让他善终——他出局了，双方还打了一场官司。雷特罗芬公司在诉讼中称，史克莱利为了偿还投资者的钱款，私自挪用了公司超过 6500 万美元的现金和股票，因此他在 2014 年 10 月被直接踢出公司。史克莱利则对这一指控予以否认，并申请了对公司的仲裁，声称公司还欠自己 2500 万美元的遣散费。2015 年 8 月，他在离开雷特罗芬公司后又创办了一家名为图灵(Turing)的制药公司。

在雷特罗芬公司任职期间，史克莱利获得过一种药物的生产权，他将其价格上调了 20 倍，并因这次操作而获得很大收益。一条致富捷径似乎被他发现了。创办图灵制药公司伊始，史克莱利就按照曾在雷特罗芬公司使用的套路，开始寻觅有升值空间的药物。此时，一种叫作达拉匹林的药物进入了他的视野，机会来了。2015 年 9 月，史克莱利及图灵制药公司为买断达拉匹林的独家生产权花费了 5500 万美元。

达拉匹林是什么药

达拉匹林已有 60 多年的历史，因此并非新药，它是由葛兰素史克公司(GlaxoSmithKline，GSK)研制的。该药主要用于治疗由寄生虫导致的感染，如疟疾和弓形虫病。弓形虫病可危及艾滋病患者和癌症患者的生命。该药能够有效地治疗部分染上寄生虫的艾滋病患者，而它的替代品的治疗效果却不显著。因此，达拉匹林也被许多人误以为是医治艾滋病的药物。

达拉匹林因价格便宜而被称为穷人的救命药。几年前，一片达拉匹林才 1 美元，但随着它的专利权被各公司转卖，此药物的价格不断攀升。2010 年，达拉匹林在美国的市场开发权被葛兰素史克公司卖给了核心药业。艾美仕市场研究公司通过调查发现，本次收购的处方数是稳定的，年销售收入却是原来的 10 倍。2014 年，达拉匹林的价格又被拉高到了 13.5 美元一片，原因是核心药业及其所有子公司被益邦实验室收购了，处方数不断减少，收入却增加了。

药价一夜之间上涨约 55 倍

这次涨价比以前更剧烈、更令人震惊。达拉匹林作为"刚需"药物之一，是艾滋病患者、婴儿和化疗后的癌症病人等免疫力弱者非常需要的东西。史克莱利很可能看到了这一利润点，于是，他在收购达拉匹林的生产权后，立刻坐地起价，把它的单片价格从 13.5 美元提高到 750 美元，涨价约 55 倍。这个涨幅意味着什么呢？意味着，405 美元可以买到单片价格为 13.5 美元的该药物一盒（30 片），现折合约 2600 人民币，而当每片药物定价 750 美元后，上述每盒药物会售 2 万多美元，近乎 15 万人民币！而同一时期，同种药物在印度是 3～7 卢比每片，即 5～10 美分；在英国为 13 英镑 30 片，即每片约 66 美分。假设销售量没有变化，那么图灵制药靠卖达拉匹林就会有上千万甚至上亿美元的收入。根据美国联邦法律的要求，部分医院和参与医疗补助计划（Medicaid）的病人仍旧可以以较低的价格购买药物，但私营保险公司或联邦医疗保险（Medicare）的参保人以及住院患者不得不以原价购买药物。

涨价事件无独有偶。如今，很多医药公司们都会寻找专利过期的老药（尤其是针对某种严重疾病的特效药），买断生产销售权之后就大幅提高药价。罗德里斯制药公司（Rodelis Therapeutics）曾购买作为结核杆菌抑制剂的环丝氨酸（cycloserine），而后该药物 30 片的价格从 500 美元提高至 10800 美元。即使这家公司最后把环丝氨酸的专营权归还原主，但该药的售价已是之前的 2 倍，即 30 片售 1050 美元。威朗制药（Valeant Pharmaceuticals）从马拉松制药（Marathon Pharmaceuticals）收购心律异常药治喘灵（Isuprel，异丙肾上腺素）后，将它的价格上调了 5 倍多。而治喘灵原本已是马拉松制药从别处购入的，买时已把此药的价格上调了 5 倍。另外，多西环素（doxycycline）

的价格也从 2013 年 10 月的每瓶 20 美元上涨到 2014 年 4 月的每瓶 1849 美元。

讨伐之声

2015 年 9 月 20 日的《纽约时报》披露了这次给药品涨价约 55 倍的事件，一时之间舆论哗然。史克莱利和他的图灵制药公司站在风口浪尖，立刻成了众人口诛笔伐的对象。许多媒体用"无耻之尤""全民公敌"等词汇来形容史克莱利。美国《连线》杂志评论，史克莱利最严重的过错不是过于贪婪，而是过于不掩饰贪婪。

美国感染性疾病协会（Infectious Diseases Society of America，IDSA）和艾滋病药物协会（HIV Medicine Association）联合发表公开信，对此次提价进行强烈谴责："对患者群体极不公正""医保体系无法维持"。纽约一家医学院的传染病中心主任朱迪丝·阿伯格（Judith Aberg）医生认为，此次涨价也许逼迫医院采用不能和达拉匹林齐效的替代疗法。同时，达拉匹林与抗生素磺胺嘧啶是优先治疗弓形虫病的药物，而眼下替代药物的药效并未获得足够的数据支撑。她认为，达拉匹林的库存成本会因涨价而变得高昂，而这也许会使一些患者延误治疗；医院此后需要经过特殊审核才能使用达拉匹林。"在有些人眼里，制药业只需要向钱看，"阿伯格说道，"这让人感觉极其危险。"

对此事件的讨论在网络上也掀起了一股浪潮，而且舆论基本是一边倒的对史克莱利的讨伐。以下是网友评论的节选。

评论 1："马丁·史克莱利无论是在金钱、药物上，还是在政治上，都走了最错的一步。"

评论 2："就是这个垃圾把一种药从 13.5 美元涨到 750 美元。"

评论 3："反社会的人我见多了，可是像马丁·史克莱利这样的，我真是第一次见，他就是披着伪善外衣的恶魔。"

史克莱利的辩解

面对巨大的舆论压力，史克莱利也试图为自己辩解。2015 年 9 月 21 日，史克莱利在接受美国广播公司财经频道的采访时表示，达拉匹林的涨价是一个明智的商业决定，疗效更好、副作用更小的新药物需要公司在研发上花很多钱。"我们的公司不是贪婪的，也不欺诈病人，我们只想维持运营而已。"他说，"很多患者真正需要这种药的时间均少于一年，何况此时达拉匹林的价格才向市场上的其他稀有药物靠拢。""在全世界产销量最少的药品里，达拉匹林算一个，"他觉得，"为了这点儿事对我们口诛笔伐，真是不值得。"

"在如今的社会，大家倾向于认为别人是恶人。目前，选举总统的事正如火如荼地进行着，（药价）问题恰巧又很敏感、棘手，我能够读懂人们的愤怒。"他承认达拉匹林具有低廉的生产成本，不过药物本身的质量把控成本、管理监督成本以及制药公司的其他支出并不能被忽视。

希拉里的震怒

史克莱利的辩解引发了更强的反对声浪。终于，连美国民主党总统候选人、美国前第一夫人希拉里也震怒了。2015 年 9 月 21 日，希拉里发推文，称无法容忍这类抬高特殊药物的价格的行为，并准备第二天制订相应的打击计划。话音刚落，美股的生物科技板块应声暴跌，创下 2015 年以来的最大跌幅，安硕纳斯达克生物科技 ETF（iShares Nasdaq Biotechnology ETF）大跌近 5%。周一（2015 年 9 月 21 日）纳斯达克生物科技指数收跌 4.4%。在纳斯达克 100 指数中，领跌的股票几乎全部是生物科技股。SPDR 标普生物科技 ETF 周一下跌 5% 至 75.16 美元，百健（Biogen）——标普 500 中价值最高的生物科技股之一——狠跌 5.6% 至 297.16 美元。

因为希拉里的这条推文，纳斯达克生物科技板块损失了近 400 亿美元。周二（2015 年 9 月 22 日），生物科技股被接连抛出，上述板块午盘又跌逾 3%，最终收跌 1.7%。相应的，生物科技 ETF 也遭受重创。在两个交易日内，生物科技板块的跌幅超过 7%。

希拉里的名人效应不可谓不大。美国联邦储备委员会主席耶伦曾经强调生物科技公司的估值过高，为此他写过 100 页的报告，然而在一整年里科技股仍然继续走价格攀升的道路。但是，希拉里的一条推文却惊得华尔街连续两日抛售生物科技股，其威力甚至大于主宰美元利率的美国联邦公开市场委员会会议。

承诺降价及后续

重压之下，图灵制药公司不得不决定下调药价。2015 年 9 月 22 日晚，公司总裁史克莱利接受电视采访时表示将会降低药价："我们同意降低达拉匹林的价格，使其能够赚取利润，但是这是一个非常小的利润。"但是他并未指明药价会降低多少以及承诺何时生效。"这的确是为了回应舆论质疑。我们在引导人们理解涨价的原因方面出了差错，因此，明智的做法便是用降价来平息人们的怒火。"史克莱利表示。

在史克莱利做出降低药价的承诺之后，纽约曼哈顿中城的三家药店——希维斯（CVS）、沃尔格林（Walgreens）和杜安里德（Duane Reade）——对媒体表示该药的单片价格超过所报道的 750 美元。一位东 42 街希维斯药店的药剂师表示："是 900 美元一片，这有点儿疯狂。"

鉴于史克莱利的个人履历，消费者对他的承诺可能并不抱太大的希望。他的商业投机做法导致了失败、诉讼和个人仇杀。

附件材料：药价由何决定?

2014 年，美国塔夫茨大学（Tufts University）的调查结果显示，科研人员需要平均花费 27 亿美元才能研发一种药物并使其顺利上市。

在药物的研发过程中，临床试验前的阶段叫作"药物发现阶段"，一般需要 3～4 年。在这个阶段，实验室里的科学家会研究某种化合物能否治疗某种疾病。通常情况下，在 1000 种化合物中，能进入临床试验阶段的只有 1 种。

临床试验也就是在人体内测试，包括三个过程：安全性、剂量以及效果。这个阶段通常持续 5～10 年。进入临床试验阶段的药物，平均每 10 种中只有 1 种能够真正进入市场。

医药界有这样一句话：花 10 亿美元才能制出第一片药，而只需要 10 美分就可以得到第二片。

药物的价格依赖于三个因素：有多少患者需要这种药？市场中的同类产品有多少？这种药能在多大程度上缓解病情？达拉匹林完全符合上述因素：对相当一部分人来说

不可缺少，是市场上治疗弓形虫病的唯一药物，能挽救人的生命。

哈佛大学法学院的萨克斯说，假如史克莱利高价售卖他所购的一种还未上市的药物，人们是否还会如此愤怒。

教学目标

1. 通过分析一位前对冲基金经理的投机行为及其行为的后续影响，说明理性人假设的不完备性。

2. 通过讲述该前对冲基金经理买断某种特定药物的生产权之后大幅涨价，引发公众和媒体不满的事例，帮助学生理解符合经济理性的行为往往导致较差的外部性，以及企业管理者或经营者的道德水准会影响外界对企业的评价。

教学对象

本科生、研究生。

课堂讨论

1. 史克莱利为什么会将达拉匹林涨价约 55 倍？

2. 公众和媒体为何对史克莱利的行为如此不满？

3. 此案例出现了几种不符合理性人假设的现象？经济心理学对传统经济学的挑战和补充体现在哪些方面？

教学计划

案例讨论前，需要让学生预习经济心理学概论的知识，包括理性人假设和市场有效性假设的缺陷以及亚当·斯密（Adam Smith）的《道德情操论》和《国富论》的主要观点。

课堂讨论时，教师可征询学生对"坐地起价"行为的普遍看法，然后让学生复述本案例的基本内容，加深学生对案例的了解。

案例分析时，首先引导学生对史克莱利的做法做出客观的评价（不受文字材料表述的倾向性影响）：是否符合当前法律要求及经济理性的原则？教师要引导学生摒除感情色彩，理性地剖析问题。在此环节，教师可以组织小型辩论和分组讨论，进行观点的碰撞，对有争议的观点进行深入讨论，还可让学生列举生活中其他一些类似的符合经济理性但缺乏良好外部性的行为。学生讨论完毕之后，教师加以总结，明确大家对理性人假设所具有的缺陷的看法。然后通过分析希拉里的推文对生物科技板块的影响，让学生理解投资者信心对媒体信息的敏感性。最后讨论落脚于：为什么传统的经济学假设在某些现实中会失效，为什么有人坚持经济理性却在现实中碰壁，又为什么有人会在应当明确遵循经济理性的事上犯错误。

案例讨论结束时，讲解理性人假设及其缺陷，教师总结经济心理学对传统经济学的有益补充。

⏰ 课堂时间计划

案例背景资料介绍。	10 分钟
学生复述案例内容。	5 分钟
讨论 1：史克莱利为什么会将达拉匹林涨价约 55 倍？	20 分钟
讨论 2：公众和媒体为何对史克莱利的行为如此不满？	20 分钟
讨论 3：此案例出现了几种不符合理性人假设的现象？经济心理学对传统经济学的挑战和补充体现在哪些方面？	20 分钟
讲解理性人假设及其缺陷，教师总结经济心理学对传统经济学的有益补充。	15 分钟

⊙ 问题分析

1. 史克莱利为什么会将达拉匹林涨价约 55 倍？

①理性人假设。在经济学里，合乎理性的人的假设通常简称为理性人或经济人的假设。西方经济学家指出，所谓理性人的假设是对在经济社会中从事经济活动的所有人的基本特征的一个一般性的抽象。这个被抽象出来的基本特征就是：每个从事经济活动的人都是利己的。也可以说，每个从事经济活动的人所采取的经济行为都是为了

以自己的最小经济代价去获得自己的最大经济利益。西方经济学家认为，在任何经济活动中，只有这样的人才是"合乎理性的人"，否则就是非理性的人。史克莱利作为一位前对冲基金经理、一个商人，所作所为遵循的是理性人假设，以利润最大化为行动的出发点。

②专业背景或行业经验对个体行为模式的影响。个体的专业背景或行业经验会让其遵循或接受这一专业或行业所秉持的价值观或基本假定。史克莱利的前对冲基金经理的身份和履历让他坚持以理性人或经济人的方式行事，即追求经济利益最大化。

③路径依赖。路径依赖是指一旦人们选择了某个体系，规模经济(economies of scale)、学习效应(learning effect)、协调效应(coordination effect)、适应性预期(adaptive effect)以及既得利益约束等因素的存在，会导致该体系沿着既定的方向不断自我强化。也就是说，人们一旦做了某种选择，就好比走上了一条不归之路，惯性的力量会使这一选择不断自我强化，并让人们不能轻易走出去。史克莱利在图灵制药公司对达拉匹林的价格操纵，完全复制了其在雷特罗芬公司的投机经历。

2. 公众和媒体为何对史克莱利的行为如此不满？

①外部性。外部性又称为溢出效应、外部影响或外差效应，是指一个人或一群人的行动和决策使另一个人或一群人受损或受益的情况。经济外部性是经济主体(厂商或个人)的经济活动对他人和社会造成的非市场化的影响，即社会成员(组织和个人)从事经济活动时其成本与后果不完全由该行为人承担。外部性分为正外部性(positive externality)和负外部性(negative externality)。正外部性是某个经济行为个体的活动使他人或社会受益，而受益者无须付出代价；负外部性是某个经济行为个体的活动使他人或社会受损，而造成负外部性的个体却没有为此承担成本。史克莱利的行为对其个人及其公司来说是符合理性人标准的，但强烈的负外部性使得这种预期的最大效用无法实现。

②价格敏感性。公众对医药产品的敏感性高于对其他类别商品或产品的敏感性，与之类似的还有婴幼儿奶粉、空气及饮用水等既与生命安全密切相关，又存在一定刚性需求的事物。这种敏感性同样表现在价格的变动上。

③道德风险。医药事业的初衷和目的是治病救人已经是全人类的共识，同时人们也对与医药行业相关的人员和行为提出了相应的道德要求，形成了一定的道德规范。当有个体或组织违反了这一规范，必将引发公众的强烈反应。在这一案例中，当公众获知达拉匹林是一种穷人的救命药之后，愤怒的情绪达到了顶点，使得涉事企业面临巨大的道德风险。

④惩罚不公。人们对公平、正义有天生的敏感性，当意识到不公存在时，会有惩罚不公平获益者的意愿和行为，哪怕牺牲某些个人的利益也在所不惜，如最后通牒游戏。

3. 此案例出现了几种不符合理性人假设的现象？ 经济心理学对传统经济学的挑战和补充体现在哪些方面？

①理性人假设的局限。按照理性人假设，人们必须遵循利益（利润）最大化的原则，否则无法实现最大的效用。但史克莱利的事例告诉我们，以利益最大化为指针的行为未必能够实现最大的效用，特别是在这一行为导致较强的负外部性的情况下。

②市场反应。希拉里表态后生物科技股的市值大跌也在一定程度上反映出投资者的非理性行为。一方面，之前美国联邦储备委员会主席耶伦曾经写了 100 页的报告，强调生物科技公司的估值过高，然而生物科技股的价格依然一路上涨了一整年，而希拉里的一条推文却惊得华尔街接连两天抛售生物科技股，说明投资者的信心不仅受消息的影响，还受到消息来源的影响；另一方面，希拉里表示要打击的是个别的、特定的哄抬药价的行为，却导致生物科技股板块的整体下跌，说明投资者的恐慌具有弥散性。

🔧 后继应用

1. 让学生例举自己经历的或身边人经历的不遵循经济理性的行为（仗义疏财、捐款等）。

2. 有些制度设计能兼顾人们追逐利益最大化的需要和良好的外部性，如分粥问题（几个人分粥如何实现平均）、排污权证问题（将排污权作为可交易物）。请学生设计一个这样的制度（节水方案等）。

参考资料

彭凯平. 经济人的心理博弈：社会心理学对经济学的贡献与挑战. 中国人民大学学报，2009(3).

辛自强，窦东徽，陈超. 学经济学降低人际信任？经济类专业学习对大学生人际信任的影响. 心理科学进展，2013，21(1).

亚当·斯密. 道德情操论（全译本）. 谢宗林，译. 北京：中央编译出版社，2008.

亚当·斯密. 国富论（全译本）. 谢宗林，李华夏，译. 北京：中央编译出版社，2012.

2. 效用理论
一场电影引发的争论

于泳红

摘要

　　大学生小韩与同学分别购买了由他们喜欢的明星主演的同一部电影的全价票和半价票。当他们带着喜悦和期待的心情走进影院欣赏电影时，却发现电影与自己的预期并不一样。在失望之时，有的同学选择玩手机度过这段时间，有的同学则因他人干扰变得心不在焉，而小韩在经历了最初的失望之后，选择从另一个角度来观看这部电影，最终获得了难忘的体验。电影结束后，小韩与同学就花费时间和金钱来看这部电影到底值不值展开了争论。有的同学认为买半价票能看到自己喜欢的明星，不管电影内容如何，还算值得；有的同学觉得电影很一般，花钱买全价票一点儿都不值得；而小韩则认为电影内涵深刻，自己获得了很好的体验，很是满足。大家各执一词，最终谁都没有说服谁。

关键词

效用、价格、决策、态度

　　大学生小韩自初中开始就很喜欢 F 和 H 两位明星。他看了很多 F 出演的电影，也听了不少 H 的音乐，但他不是这两位明星的"脑残粉"，他对这两位明星的作品会客观地加以评判。当小韩听到他比较喜欢的这两位明星联袂出演的电影即将公映时，便立刻有了强烈的观看冲动。

　　观影前小韩在网上查看了这部电影的相关介绍，了解到这是一部讲述了大学生从开始接触爱情到对爱情有更深入的理解，最后爱情观发生转变的电影。这部影片不仅有大学生活的元素，还有校园爱情和与社会人相恋的情节，很符合大学生这个年龄段的观众的观影需求，而且唯美的剧照更是让小韩恨不得立刻前往观看。

在首映当天，刚刚放学还没吃晚饭的小韩便匆匆乘地铁前往电影院。由于观看影片的人很多，他只抢到了第二排的位置，不过小韩认为没关系，能第一时间观看到电影就好。在期待与激动中电影开始放映了。然而随着电影的放映，小韩逐渐意识到这部电影并不是自己喜欢的类型。在电影介绍中他看到的更多是宣扬大学生活与青春爱情的内容，但是电影实际呈现的却是大学生活的颓靡、社会的残酷以及岁月的无情。

小韩激动的心情逐渐平静，原本不是很在意的第二排此时却成了障碍。他几次想提前离开，但碍于座位靠前，怕影响别人，便只能耐着性子继续坐在座位上。不过小韩不再像刚开始那样专注于银幕，而是更多地观察周围人的面部表情。周围许多人也表现出和他差不多的状态。但是，不经意的一瞥却让他发现了一对正在全神贯注观看电影的年轻情侣，他们双手紧扣，神情是那么专注，以至于没有察觉到小韩盯着他们看了好久。在电影院昏暗的环境中，小韩好像隐约看到女孩的眼中泛着泪水。小韩想："为什么在我眼中如此一般的片子他们却看得那么专注，甚至产生共鸣，流下了泪水？难道我之所以没有很深的感触，只是因为我没有经历过类似的事情，而电影本身还是很不错的吗？"带着深深的疑问，小韩重新以观赏另一个大学生的人生的旁观者的视角继续观看电影。

渐渐地，原本乏味、平凡的情节开始有了波澜，小韩无意识中把自己想象成了电影的男主人公，他面对工作时的无奈与面对爱情时的无助让小韩感同身受。当看到女主人公选择离男主人公而去，只留下他一人在空旷的海滩时，那寂寥、无助的背影也让小韩感受到了莫大的压抑与凄凉。而在电影的结尾，当看到他们历经苦难终于重逢的场景时，小韩的压抑顿时一扫而空，颇有种守得云开见月明的感觉。

看完电影走在回校的路上，与小韩同行的几个同学激烈地表达着对电影的不满。甲同学是很早以前趁着网站促销的时候买到的打折票，比其他人买的票便宜了将近一半。刚拿到票的时候他还沾沾自喜，感到能花这么少的钱看到这么大牌的明星主演的电影是一种莫大的幸运，然而电影放映到一半时，他便不堪忍受俗套的剧情与平淡无奇的对白，很想离开，却因为要等一起来的同学而无法先走，便拿出手机刷了近一小时的微博。后面什么剧情他根本就没有关注，感觉白白浪费了这段时间。乙同学则不断地抱怨自己的坏运气，促销的时候因为慢了一分钟而没买到半价票，今天和小韩一样买了全价票坐在了那么靠前的位置，然而旁边有个人不停地吃东西，让他本就很饥饿的胃都开始隐隐作痛，后排一对情侣旁若无人的谈论也使他根本无法集中注意力观看电影。好不容易等到后面的情侣不再说话，准备好好地欣赏电影，他却惊讶地发现已经没几个人在看电影了，于是看电影的欲望大大减弱，剧情在他眼中自然也变得乏善可陈、平淡无奇。

小韩对他们如此尽情地发泄对电影的不满感到非常气愤。他大声争论："我可不认同你们的看法。也许这部电影在你们眼中确实很差，但这可能仅仅是因为你们没有类似的经历，才没有产生更深层次的共鸣。如果你们不把它看作一部青春爱情片，而是把它看作另一个人的人生，一定会被这部电影触动……"其他同学听小韩这样说也反过来和他争论，有人说这么高的票价根本不值，有人说就折扣票价来说能看到这两位明星出演的电影还算凑合。就这样，小韩和他的同学一路上争论不休，最后谁也没有说服谁。不过，小韩认为，和同学相比，自己不仅看到了喜欢的明星出现在银幕上，也通过电影体会到了另一种人生。所以，他不仅没有对电影感到失望，反而有一种只有自己看懂了电影的淡淡喜悦感。

💡 教学目标

1. 通过分析大学生观看电影这一常见的消费行为，来说明经济学中效用概念的主观性和相对性。

2. 通过对比购买了全价票与半价票的同学在观看电影时的表现及感受，来阐述决策效用与体验效用的不同之处，进而使学生更深入地理解标准经济学中决策模型的缺陷。

👥 教学对象

本科生、研究生。

👤 课堂讨论

1. 请用期望效用这一标准化经济决策模型解释，为什么小韩与同学乙在明知同学甲仅花了一半的钱就购买了电影票的情况下仍然愿意花费更多的钱去看这场电影。

2. 小韩在观影之初也很失望，但后来他转换视角重新理解影片，最终因为"不仅看到了喜欢的明星出现在银幕上，也通过电影体会到了另一种人生"而感到喜悦，对购买全价票并不后悔。小韩在观影过程中的这种转变说明了效用的什么特点？此时的效用与买票前的效用的含义是否相同？

3. 结合效用的特点来解释为什么这场争论的最终结果是谁也没有说服谁。

👥 教学计划

案例讨论前，需要让学生预习效用理论的相关知识，包括效用概念的历史演进、标准经济决策的期望效用理论、效用与态度的关系。扩展阅读"Experienced Utility and Objective Happiness：A Moment-Based Approach"（Kahneman，2000）。

课堂讨论时，可让学生复述该案例，并列举与之相类似的例子。例如，对"果粉"来说，无论苹果公司的电子产品与其他同类产品相比价格有多高，也无论自己是否会用到产品中的某些性能，他们都会义无反顾地去购买。这说明在这类消费者群体身上，该品牌具有的效用远远大于其实际使用价值，效用才是决定消费者购买行为的主要因素。

案例分析时，重点引导学生关注：①虽然商品的价格有所不同，但对于同一消费者来说，他在购买商品前和购买商品后评定"值"与"不值"的标准并不相同；②购买前会更多地依赖理性信息，而购买后则更关注消费体验，进而引出决策效用和体验效用的概念；③无论是决策效用还是体验效用，它们的本质特征都是人的心理感受，具有主观性和相对性。

案例讨论结束时，教师首先总结效用的本质及其特点，然后引导学生进一步讨论体验效用与心理学中的哪个概念可以建立联系。若学生无法明确回答，则可引入特沃斯基和格里芬（Tversky & Griffin，2000）的研究来进行举例，进而引出体验效用与态度的关系，引导学生反思标准化经济决策模型所提出的单纯满足期望效用最大化这一观点的不足。

⏱ 课堂时间计划

学生复述案例内容。	5 分钟
讨论 1：请用期望效用这一标准化经济决策模型解释，为什么小韩与同学乙在明知同学甲仅花了一半的钱就购买了电影票的情况下仍然愿意花费更多的钱去看这场电影。	20 分钟
讨论 2：小韩在观影之初也很失望，但后来他转换视角重新理解影片，最终因为"不仅看到了喜欢的明星出现在银幕上，也通过电影体会到了另一种人生"而感到喜悦，对购买全价票并不后悔。小韩在观影过程中的这种转变说明了效用的什么特点？此时的效用与买票前的效用的含义是否相同？	25 分钟
讨论 3：结合效用的特点来解释为什么这场争论的最终结果是谁也没有说服谁。	20 分钟
教师总结效用的本质及其特点，引导学生思考效用与态度的关系，反思期望效用理论的不足。	20 分钟

❓ 问题分析

1. 请用期望效用这一标准化经济决策模型解释，为什么小韩与同学乙在明知同学甲仅花了一半的钱就购买了电影票的情况下仍然愿意花费更多的钱去看这场电影。

效用理论是经济学中最重要的理论之一。效用这一概念的含义有着一个历史变化的过程。功利主义哲学家、经济学家杰里米·边沁（Jeremy Bentham）曾提出效用是物品能使人获得幸福和避免痛苦的能力，一切物品的价值都在于它的效用。标准化经济决策模型提出之后沿用了效用的概念，但其含义与早期的效用的含义不同。标准化经济决策模型假设消费者的目标是最大化期望效用。从操作性上来讲，效用是对一项选择结果赋予的权重，这由人们的选择行为显示出来，这样效用就可以被测量了。

根据标准经济学的这种显示偏好假设，在本案例中，小韩和同学乙虽然与同学甲看的是同一部电影，但是他们所买票的价格不同，根据期望效用的计算公式 $u(s) = \sum_{i=1}^{n} P_i u(a_i)$，若假设对小韩及其同学来说损失同样金额的钱所产生的期望效用相同，则可计算出小韩和同学乙对电影的效用是同学甲的 2 倍。

2. 小韩在观影之初也很失望，但后来他转换视角重新理解影片，最终因为"不仅看到了喜欢的明星出现在银幕上，也通过电影体会到了另一种人生"而感到喜悦，对购买全价票并不后悔。 小韩在观影过程中的这种转变说明了效用的什么特点？ 此时的效用与买票前的效用的含义是否相同？

小韩在观影之前选择购买高价票就说明他认为这部影片对他来说有着很大的效用，可实际观影时他的感受发生了变化，由最初出的失望到最后的喜悦，对他来说结果确实最大化了。这一现象说明效用并不是一成不变的，即使是同一个人，效用也会随着心态的改变而发生变化，反映出效应这一概念的相对性。这里的效用是小韩观影后的真实体验，选择已经做出，无论喜欢与否体验都存在，这与结果发生前所预测的效用不同，卡尼曼(Kahneman)将这类效用命名为体验效用。体验效用更多地包含了感受，特别是"享乐"的含义。

3. 结合效用的特点来解释为什么这场争论的最终结果是谁也没有说服谁。

每个人所说的都是自己真实的体验，由此可见体验效用具有很强的主观性。不同的人由于自身经验和所处的环境不同，体验效用也就不同。卡尼曼在 2000 年时将体验效用分为记忆效用(remembered utility)和实时效用(real-time utility)。

记忆效用涉及对过去经验的回顾性评价，测量时主要采用以记忆为基础的方法，所以此类评价容易出现偏差；实时效用以即时评价方法为主，测量事件过程中的效用，需要对受测者进行持续监测。大家观影后的争论主要依据的是每个人的记忆效用，不同的人根据自己对观影过程的回忆来评价这次观影体验的好坏。

🔧 **后继应用**

既然通过观察选择结果就能衡量某条件下的决策效用，那么接下来可让学生讨论能否用决策效用来预测决策者事前的态度或判断。这个讨论的真实目的在于澄清决策效用与体验效用的关系，进而明确体验效用更多与态度有关。为了防止学生的讨论过于分散，可引入卡尼曼在 2000 年的研究中使用的实验材料。

例如，假如你是一名传媒专业硕士毕业生，现在你要考虑在下面两个杂志社工作一年。

①在杂志社 A，你将获得 35000 美元的年薪，但是与你所受教育和工作经验相同的其他员工的年薪是 38000 美元。

②在杂志社 B，你将获得 33000 美元的年薪，但是与你所受教育和工作经验相同的其他员工的年薪是 30000 美元。

你会选择到哪个杂志社去工作？你觉得在哪个杂志社工作会更愉快？

当对选择去哪个杂志社工作进行决策时，个体依赖的是决策效用，个体倾向于搜寻能够证明其选择正确的原因或证据。很明显，工作收入是一个很重要的标准，通过与杂志社 B 的收入相比较，绝大多数人会选择到杂志社 A 去工作。而当判断在哪个杂志社工作会更愉快时，个体需要对将来的体验效用进行预期，并试图想象当时的感觉，这与个体的态度有关。在大多数情况下，当自己的收入比别人高时，个体人会体验到更多的积极情绪，因此会选择杂志社 B。

基于这个结果，可以发现人在进行决策时会依赖决策效用，也能对体验效用做出某种程度的预期，进而使其决策结果偏离理性决策的预期。所以，传统经济学片面强调决策效用的最大化是不符合人类决策思维的现实的。

参考资料

金雪军，杨晓兰. 行为经济学. 北京：首都经济贸易大学出版社，2009.

尼克·威尔金森. 行为经济学. 贺京同，那艺，等，译. 北京：中国人民大学出版社，2012.

斯科特·普劳斯. 决策与判断. 施俊琦，王星，译. 北京：人民邮电出版社，2004.

俞文钊. 当代经济心理学. 上海：上海教育出版社，2004.

Kahneman，D. Experienced Utility and Objective Happiness：A Moment-Based

Approach. In Kahneman, D. , & Tversky, A. (Eds.), *Choices*, *Values*, *and Frames*. New York: Cambridge University Press and the Russell Sage Foundation, 2000.

Tversky, A. , & Griffin, D. Endowments and Contrast in Judgments of Well-Being. In Kahneman, D. , & Tversky, A. (Eds.), *Choices*, *Values*, *and Frames*. New York: Cambridge University Press and the Russell Sage Foundation, 2000.

3. 心理账户

如何让肯尼亚的穷人为健康而储蓄

窦东徽

摘要

肯尼亚一直以来饱受贫困问题的困扰，贫困问题的累积也导致国民健康水平不断下降。虽然在肯国政府和国际援助的帮助下，国民卫生条件和医疗保障水平不断提高，但肯尼亚人的总体健康状况依然堪忧。这一问题除了与投入需求比过低、腐败和行政低效导致的扶助资金不能有效到位、国民不良的卫生习惯和生活方式有关，还与肯尼亚人不愿将更多资金用于购买卫生预防用品的消费习惯有关。针对这一问题，有研究者想出了一个基于心理账户理论的行为干预方案。在现场实验中，研究者给一些肯尼亚贫困家庭每家都提供一个可上锁的金属盒、一把挂锁和一本账本，结果这些家庭对这类用品的投资显著增加了。这一案例体现了心理账户理论在现实应用方面的巨大潜力，对扶贫工作也有一些有益启示。

关键词

心理账户、储蓄、贫困、卫生预防用品

被贫困问题困扰的肯尼亚人

位于非洲东部的肯尼亚占地 582646 平方千米，总人口 4501 万人。这里是人类发源地之一，也是撒哈拉以南非洲经济发展比较好的国家之一。在肯尼亚的国民经济中，比重最大的三个部分是农业、工业和服务业。然而这片美丽的土地一直以来饱受贫困问题的困扰。

在经历了 20 世纪六七十年代的高速稳定增长之后，肯尼亚的经济在过去几十年里远未充分发挥其应有的潜力。1990 年肯尼亚的人均收入是 271 美元，而到 2002 年只有 239 美元。经济的急剧衰败导致肯尼亚的贫困状况趋于恶化：1990—2002 年，全国总人口中的贫困人口的比例由 48％变成 56％，并呈现继续增加的趋势。1997—2006 年，肯尼亚新增 300 万贫困人口。2008 年的报告显示，整个肯尼亚有超过 50％的人口每天的生活费未到 1 美元（当时约合 75 肯尼亚先令），生活在赤贫线以下。2009 年的《肯尼亚经济报告》显示，肯尼亚每天平均消费未达到 77 肯尼亚先令的贫困人口占总人口的 41％。虽然 2003—2007 年肯尼亚的经济增长还算令人满意，但整体来说，肯尼亚的人民却比 10 年前更贫困了。贫困现象在农村地区更加突出，50％的农村人口每天的平均消费还不到 51 肯尼亚先令。数据显示，在 2010 年恩格尔系数的世界排名中，肯尼亚就在巴基斯坦之后。

在肯尼亚，贫富差距巨大。目前消费总量中只有 2％来源于 10％的最贫困人口，而消费总量的 40％来源于 20％的富裕人口。专家估算每个肯尼亚人赚的钱至少得填补 8 个人的生活费。

人民生活条件变差主要归因于三个方面：政局动荡、通货膨胀、贪污腐败。此外，天气变化无常造成饥荒、农业过度依赖于气候、生产成本过高等情况也让贫困问题越来越严重。世界银行 2013 年的报告显示，肯尼亚贫困状况的改善要比东非共同体其他成员国慢得多。以现在的人均国民生产总值（GNP）增长速度来看，肯尼亚在 2030 年的时候贫困比例将达到 30％，而乌干达的这一比例是 6％，卢旺达是 13％，坦桑尼亚是 19％。目前在肯尼亚，贫困人口的比例约为 40％。

贫困对肯尼亚人的健康的影响

通过估算可以发现，肯尼亚的首都内罗毕（Nairobi）和沿海城市蒙巴萨（Mombasa）是比较集中地供应电力和自来水的地区，这里生活着 20％的肯尼亚人口。而其他人大多住在电力和自来水供应不足的农村地区，离城市很遥远。由于肯尼亚境内的一些贫民窟缺乏安全饮用水和公共厕所，卫生条件较差，所以霍乱的致死率非常高。

因为贫困，儿童接受医疗保健的可能性很低，只有 25％的孩子有能力去医院进行专业诊疗。在医疗条件方面，2000—2010 年全国平均每万人拥有医生 1 人、护理和助产人员 12 人、药师 1 人，医院床位紧张。普通人想在肯尼亚获得良好的就医条件是比较困难的，58.82 岁是这个国家人民的平均寿命。2010 年，肯尼亚婴儿的死亡率为 5.3%。

截至 2013 年，肯尼亚约有 14% 的居民患有艾滋病，这使得增长乏力的经济增长态势进一步复杂化。贫困使艾滋病患者对高价营养品望而却步，这更影响了他们的身体健康，因为抗艾滋病药物不能空腹服用，否则会损伤胃。如果患者同时患有肺结核的话，就更不能缺乏营养了。饥饿让有些艾滋病患者无法承受，在万不得已的情况下只能用援助机构资助的药物去换取食物，以求饱腹。

情况的改善和存在的问题

经过不懈努力，肯尼亚的医疗卫生保障工作取得了显著效果，例如，近年儿童疫苗接种率在 80% 以上，68% 的 5 岁以下儿童可以用蚊帐来避免感染疟疾。此外，能够得到正规服务的孕产妇比例已由 2003 年的 42% 上升至 2007 年的 56%。肯尼亚还制定了目标，以期减少孕产妇死亡率。但是，肯尼亚人的健康水平并未出现大幅提升，主要原因有以下两个方面。

从国家和政府层面来说

一方面，投入和需求之间尚存在较大鸿沟。肯尼亚的医疗保障主要依靠政府投入和国际援助。世界银行在 2013 年为肯尼亚提供了 2.5 亿美元的资金用于改善贫困，2014 年则提供 40 亿美元。据世界卫生组织统计，2009 年肯尼亚生产总值（GDP）的 4.3% 是医疗卫生支出，平均每个人花费 68.0 美元在医疗健康上。2012 年的统计显示，在上一财政年度，肯尼亚政府在卫生保健方面的支出约为 1.56 亿美元，相当于国家预算的 6.5%，但是这仍然无法满足人民的医疗需求。

另一方面，腐败和官僚主义造成低效。国际社会每年都会给肯尼亚提供大量援助，但是灾民最后能够拿到的却少得可怜。在一些重镇，救济品每个月才发一次。援助物资都在内罗毕储存着，偏僻地区的人们根本无法得到。这个问题很严重，政府应该采取措施，积极解决。

从个体层面来说

首先是不良卫生习惯。卫生习惯差是威胁肯尼亚人的健康的重要因素。调查发现，

75％的肯尼亚人不怎么洗手，这样很容易生病。例如，伤寒、霍乱、腹泻等疾病就严重地影响了肯尼亚人的生活，然而像腹泻就可以通过洗手来预防，但是很可惜，许多儿童因未做到这一点而丧失生命。肯尼亚卫生部相关部门的负责人尼古拉·穆拉古利说："人们认为手上没有脏东西就是干净的，实际上有很多细菌是没办法看见的。贫穷的地方更不会注重卫生，那里连干净的水都没有。"他还指出，洗手可以降低腹泻的发生率。另外，不良卫生习惯也会导致霍乱暴发。过去有段时间霍乱在肯尼亚肆虐了 4 个月，50 多人因此丧命。

其次是不良生活方式。慢性非传染病大多源自不健康的生活方式，如饮食异常、缺乏锻炼、熬夜、酗酒等，这些都是现在威胁人们健康的主要问题。一些躯体疾病和精神疾病也在不断侵害民众的健康。相关数据表明，肯尼亚人有必要重新调整自己的生活方式，并尽可能地提高医疗服务水平。

最后是肯尼亚人在卫生预防用品方面的投资太少。肯尼亚人的消费特点是喜欢尝试新鲜的事物、过度乐观和主张及时行乐，如炒股，肯尼亚的股票市场在非洲国家中算是发展得比较好的。时任总统齐贝吉看到肯尼亚的经济以每年 6％ 的速度增长后，开始鼓励很多公司上市，并在政策上给予了相应支持。上市在许多国有企业中成了潮流。人们茶余饭后谈论的是股票，街头巷尾也充斥着各种关于投资教育课程的信息和理财资讯。为了买到心仪的股票，股民不得不排起长队。内罗毕证券交易所已经实现了计算机化操作。它曾经只是富人的俱乐部，如今普通人也能自由出入了。股票的发售量和股民的增长量远远超过专家的预期。这股热潮其实也存在隐忧。投资者获利颇丰的同时，也承担着一定的风险。非洲民众过度乐观的特性在股市里展露无遗。皮尤全球态度项目调查过非洲十国民众对未来的态度，结果发现大家都很乐观。78％的受访肯尼亚民众觉得生活越来越好，不过也有超过一半的肯尼亚人说去年他们的温饱都成问题。

曾经对牲畜和土地等实物进行习惯化投资的肯尼亚人，现在开始把资金和注意力放在股票这种产品上。不仅如此，肯尼亚人选择到国外度假的现象也越来越常见。巨大、时尚的广告牌闪耀街头，宣传的内容种类繁多，如飞去巴黎度周末、使用信用卡和超薄手机等。年轻人在周末的夜晚精心装扮，涌向酒吧以及饭店。各种时尚期刊充斥着对奢华生活的描写，有时还会开辟投资人物专栏来采访那些成功人士。

肯尼亚人不太愿意为健康而储蓄

　　和许多发展中国家的民众一样，肯尼亚人也存在储蓄太少和家庭负债过高的问题，且不愿在健康方面进行太多投资。这其实是一种非常短视的行为，因为健康投资的回报是非常可观的。有研究表明，家庭投资适量的卫生预防用品就能使 5 岁以下儿童的夭折率降低 63%。但是，肯尼亚人为什么不这么做呢？

　　肯尼亚的许多家庭觉得现金不足导致了他们较少地购买卫生预防用品（如经过消毒的蚊帐）。然而，除了财务状况不佳，肯尼亚人为健康而储蓄的比例较低或许还与他们过度乐观的天性和缺乏自我控制的行为模式有关。基于以往的一些研究结论，这也不难理解。首先，生活史策略研究发现，经历生存威胁的个体在行为模式上会更多地采用"快"策略，即更倾向及时行乐和即时满足，同时伴随较高的风险偏好。一个例证就是，有调查发现，四川发生地震之后，当地的储蓄率明显下降了。其次，由于贫困，个体违背自我戒律的成本很小，因为他们感觉自己没有什么可失去的。最后，近年来有关贫困影响认知的研究还发现，贫困会过度消耗个体用于自我控制的认知资源，从而导致个体的自我控制能力下降。

通过经济心理方法促进肯尼亚人为健康而储蓄

　　针对这一问题，经济心理学家杜帕斯（Dupas）和鲁宾逊（Robinson）提出了解决办法并付诸现场实验，且获得了良好的效果。实验发现，只要给人们提供一个可上锁的金属盒、一把挂锁和一本账本（标明了需购买的卫生预防用品），人们购买这类用品的百分比能够上升 66%～75%（Dupas & Robinson，2013）。具体来讲，两位研究者为 771 名研究对象提供了四种不同的储蓄技术。

　　实验一

　　第一种技术叫安全箱。研究者为实验对象提供一个保险箱（保证安全性），但对存款和取款没有限制。这个保险箱有一条缝，使用者可以向里投钱，有点儿类似于储蓄罐。箱子还配有一把锁，钥匙交付每位参与者。参与者还能得到一本账本，用于记录钱数的变动情况。他们被要求在账本的第一页上写出打算为健康项目储蓄多少，以及最终花费了多少。

实验二

第二种技术叫带锁箱。研究者也为实验对象提供安全箱和账本，唯一不同的是，箱子的钥匙由一位项目官员保管，账本上有该官员的联系方式。实验对象在完成储蓄目标之后可以打电话通知该官员，然后该官员带着箱子来到商店和实验对象会合，当场打开箱子，取出钱购买所需的卫生预防用品。

实验三

研究者借助于一个被称为轮转储蓄和信用联合会（Rotating Savings and Credit Associations，ROSCAs）的社会组织。该组织为一种本地性的健康投资联盟，加入者定期往里投钱，形成一个基金，叫作资金池（pot），每一轮都有一位成员可以一次性得到所有资金。加入这一组织的人都出于自愿。在肯尼亚，加入这一类型组织的人数相当多，参与研究的实验对象中有 40％以上的人都加入了 ROSCAs。在实验三中，研究者鼓励加入 ROSCAs 的实验对象建立自己的健康资金池（health pot），而且健康资金池是原本 ROSCAs 的资金池的一个子池（side pot），唯一的区别在于该子池的资金被限定只能用于购买卫生预防用品。例如，一个由 15 位成员组成的 ROSCAs 中有 10 人建立了一个健康资金池，目的是获得一顶价值 250 肯尼亚先令的蚊帐，那么每次聚会时每人交 25 肯尼亚先令，就有一位成员可以得到蚊帐。

实验四

研究者依然借助于 ROSCAs，只是这一次成员间不必达成某种协议。每个实验对象都独立创建一个健康储蓄账户，然后该账户由财务审核官掌管。财务审核官有一本总账账本，用于记录该账户的支取和余额情况。资金在健康储蓄账户里被指定专用于购买卫生预防用品。掌管账户的财务审核官也是 ROSCAs 的成员，如果此人也有一个健康储蓄账户，则原来的账户交由银行的财务审核官管理。

研究结果

研究结果从资金使用率、对健康投资的影响等方面进行衡量。

第一，资金使用率。总体的资金使用率相当高。在箱子条件下，第 6 个月时，74％的安全箱和 65％的带锁箱中的资金都是正数，而且这一结果在 12 个月后仍然保持稳定（71％和 66％）。在 ROSCAs 条件下，资金使用率也很高。65％的实验对象选择建立健康资金池，1 年后这个数字是 72％。健康储蓄账户条件下的资金使用率则更高，

6 个月时的使用率是 96％，1 年后是 97％。虽然安全箱和带锁箱的资金使用率差不多，但安全箱的资金使用率却远高于带锁箱。6 个月时安全箱的余额是 634 肯尼亚先令，12 个月后是 311 肯尼亚先令，而带锁箱 6 个月时的余额是安全箱的一半，但 12 个月后的余额是 570 肯尼亚先令。总体来说，带锁箱的效果优于安全箱，但安全箱胜过什么箱子也不设。健康储蓄账户的余额的平均数和中位数分别是 192 肯尼亚先令和 90 肯尼亚先令，逊于各种箱子条件。

第二，对健康投资的影响。安全箱对健康投资的提升比率是 66％～75％，而健康资金池对健康投资的提升比率是 128％～138％。健康储蓄账户没有促进健康投资，显然是因为它本身就只能用于健康投资。带锁箱对健康投资没有显著影响，可能的原因是持有的资金的流动性成本超过了专款专用的平均个人收益。健康储蓄账户令个体无法支付医疗保险的可能性降低了 12％。在个体实现个人健康标准的可能性方面，相比控制组，安全箱组提高了 14％，健康资金池组提高了 13％。安全箱组将健康投资提高了 169.5 肯尼亚先令，带锁箱组提高了 57.5 肯尼亚先令，健康资金池组则提高了 331 肯尼亚先令。

第三，长期影响。39％的人在 3 年后依然保有箱子，里面资金的平均余额是 7000 肯尼亚先令。83％的人报告他们还在用这些箱子实现某些特定的储蓄目标。63％的人仍然持有至少一个健康目标，但人们也常常报告多重储蓄目标，如学费、生意费用等。其他两种实验条件下的结果则提供了更为有力的证据：48％的人仍然加入健康资金池，53％的人保有健康储蓄账户。在那些始终向健康储蓄账户存钱的人中，73％的人有过一次取款，而且大部分取款是为了应对紧急情况。

🔘 教学目标

1. 通过总结肯尼亚人由贫困导致健康水平下降的事例，帮助学生理解贫困与健康问题的关系。

2. 通过分析在卫生医疗方面的投入未能有效提高肯尼亚人健康水平的原因，引导学生理解影响健康的主、客观方面的因素，同时意识到个体的行为模式是非常重要的影响因素之一。

3. 通过讲述研究者为肯尼亚贫困家庭提供一个可上锁的金属盒、一把挂锁和一本标明了需购买的卫生预防用品的账本就有效增加了这类人群在卫生预防用品方面的投资的事例，说明心理账户理论在指导实践方面的有效性和易用性。

教学对象

本科生、研究生。

课堂讨论

1. 一国的经济状况不佳与个体健康水平的下降之间存在何种联系？

2. 为何仅仅靠资金投入无法完全提高肯尼亚人的健康水平？

3. 杜帕斯等人采用的方法为何能够有效增加肯尼亚贫困家庭在卫生预防用品方面的投资？原理是什么？

教学计划

案例讨论前，需要让学生阅读相关书籍和文献，包括《稀缺：我们是如何陷入贫穷与忙碌的》(塞德希尔·穆来纳森，埃尔德·沙菲尔，2014)《2015年世界发展报告：思维、社会与行为》(世界银行，2015)以及杜帕斯和鲁宾逊(Dupas & Robinson，2013)的相关文章，了解贫困(稀缺)对个体的影响，并温习心理账户理论的相关内容。

课堂讨论时，带领学生复习心理账户的概念及运算法则。

案例分析时，①首先熟悉案例提供的背景信息，并尝试理解贫困作为外部变量对个体的制约和影响作用。此处可结合社会生态心理学的观点，探讨经济作为宏观变量，和个体生理、心理状态的交互影响。②分析肯尼亚人的心理行为模式，以及塑造这种模式的社会、文化及其他可能的因素。教师可引导学生举出类似的例证。③详细分析杜帕斯等人的干预实验的操作方法，引导学生思考这种方式为何会有效，为何涉及群体参照和社会承诺时这种方式的效果会更加明显。

案例讨论结束时，教师总结，从贫困问题的实质、影响和干预角度看待个体的行为方式与状态变化，以及从个体行为角度进行干预对扶贫工作的意义。

⏱ 课堂时间计划

案例背景资料介绍。	10 分钟
学生复述案例内容。	5 分钟
讨论 1：一国的经济状况不佳与个体健康水平的下降之间存在何种联系？	20 分钟
讨论 2：为何仅仅靠资金投入无法完全提高肯尼亚人的健康水平？	20 分钟
讨论 3：杜帕斯等人采用的方法为何能够有效增加肯尼亚贫困家庭在卫生预防用品方面的投资？原理是什么？	20 分钟
教师总结，从贫困问题的实质、影响和干预角度看待个体的行为方式与状态变化，以及从个体行为角度进行干预对扶贫工作的意义。	15 分钟

❓ 问题分析

1. 一国的经济状况不佳与个体健康水平的下降之间存在何种联系？

首先，一国的经济状况不佳往往伴随着食品短缺、日常必需品（水、电等）供应短缺、环境卫生状况和医疗条件恶化，最终导致个体健康水平下降。其次，短缺造成的生活张力让个体无法应对复杂的经济决策，因此更容易出现短期行为。最后，短缺造成巨大的精神压力，个体容易产生心理问题，心理问题还会和躯体疾病相互作用，让问题更加严重；短缺还会造成意志力损耗，使个体的自我控制能力下降，因而个体更容易形成不健康的生活方式。

2. 为何仅仅靠资金投入无法完全提高肯尼亚人的健康水平？

首先，有限的资金无法满足巨大的医疗卫生需求；其次，政府部分部门的腐败和行政效率低下，使得有限的资金不能有效、精准地到达最需要的地方；再次，肯尼亚人不良的卫生习惯有待改变；最后，肯尼亚人过度乐观、缺乏自我控制的消费模式导致他们不倾向于在卫生预防用品方面有更多的资金投入。

3. 杜帕斯等人采用的方法为何能够有效增加肯尼亚贫困家庭在卫生预防用品方面的投资？ 原理是什么？

安全箱是一种标签化了的软性承诺(心理账户的一种形式)。另外两种产品则通过在钱上做标记的方式提供较为硬性的承诺，即指定每一笔钱的特定用途。健康储蓄账户是在第二、第三种的标记钱财专款专用的基础上又给予信用积分，构成一种社会承诺。

这个项目背后的想法是，虽然钱是可转移的，即手上的现金随时都可以花掉，但通过这种以心理账户来分配资金的过程，人们对消费进行了分类，并相应地安排自己的消费行为。金属盒、挂锁和账本的重要性在于，它们让人把钱放在专门用于购买卫生预防用品的心理账户上。结果还表明，基于群体的储蓄和信用模式能起到最好的效果。

🔧 **后继应用**

设计一种提高家庭储蓄率的方案。

参考资料

吕小康，汪新建，付晓婷. 为什么贫穷会削弱决策能力？三种心理学解释. 心理科学进展，2014，22(11).

塞德希尔·穆来纳森，埃尔德·沙菲尔. 稀缺：我们是如何陷入贫穷与忙碌的. 魏薇，龙志勇，译. 杭州：浙江人民出版社，2014.

世界银行. 2015年世界发展报告：思维、社会与行为. 胡光宇，赵冰，等，译.北京：清华大学出版社，2015.

Dupas，P.，& Robinson，J. Why Don't the Poor Save More? Evidence from Health Savings Experiments. *American Economic Review*，2013，103 (4).

4. 锚定效应
英超球员的身价为何高得离谱

窦东徽

摘要

英超(英格兰足球超级联赛)是当今世界上最赚钱的联赛。英超在经济总量、市场化程度以及转会活跃程度等方面都高居五大联赛之首。以保护本土球员为目的的球员政策、联赛收入的增加以及资本的介入，使得英格兰球员的身价不断提高，以至于超出了球员自身的实际竞技水平，主要表现在：同等水平的本土球员和外籍球员相比，本土球员身价更高；高身价的英格兰球员在英超以外的联赛中较少取得成功；由高身价球员组成的英格兰队近十年来都未取得像样的国际比赛成绩，却每次都作为热门球队被关注。

关键词

锚定效应、英超、身价

谈到足球，人们总喜欢说的一句话是：足球是圆的。这句话的意思是，足球比赛充满着偶然性，90分钟内什么事情都有可能发生。但足球世界的玄奥还不止于此，90分钟以外的事情有时也让人摸不着头脑。英超球员的身价就是其中之一。奇高的身价、虚高的实力、众多的球迷，似乎已经成为英超球员的共同特点。能取得与身价相符的成就的英超球员屈指可数，更多的球员往往只有高身价，鲜有出彩的表现。

财大气粗的英超

如果要问当今世界上最赚钱的足球联赛数哪家，毫无疑问，英超名列第一。其实在 20 世纪 90 年代中期，英超还没这么"土豪"。从收入上来看，英超虽然在五大联赛中排名第一，但那时的差距要比现在小很多。1996—1997 赛季，英超的收入是 6.85 亿欧元，但是当时意甲（意大利足球甲级联赛）和西甲（西班牙足球甲级联赛）的收入也都在 5 亿欧元以上。从竞技层面上来看，人们更喜欢有"小世界杯"之称的意甲，而坚持"高举高打"的英超当时还被嘲笑为"英糙"。到了 2013—2014 赛季，英超的收入接近 39 亿欧元，已经远远超过意甲和西甲的总收入，比 17 年前五大联赛的总收入还要多（图 4-1）。2015 年 3 月德勤（Deloitte）会计师事务所公布的一份报告显示，在 2014—2015 赛季，英超联赛的总收入为 38.98 亿欧元，不仅在足球五大联赛中高居榜首，而且比排名第二的德甲（德国足球甲级联赛）要高出 70％。

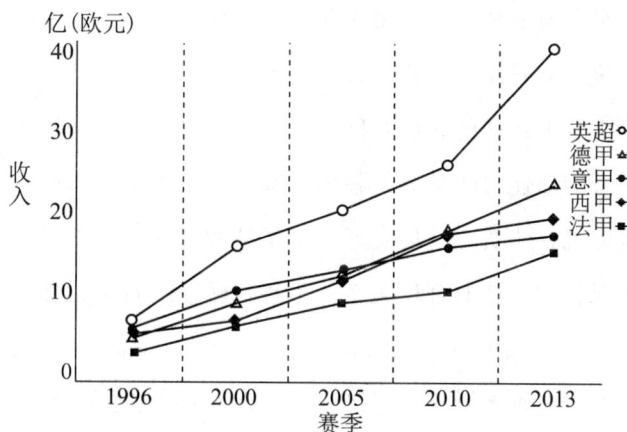

图 4-1 欧洲五大联赛收入对比

英超的 20 家足球俱乐部更是赚得钵满盆满。在《福布斯》排出的全球最有价值（实际上是最赚钱）的足球俱乐部排行榜上，前 20 位中就有 8 家俱乐部来自英超。即使是像富勒姆、水晶宫这样的"保级专业户"，也有不错的收入。英国《每日邮报》的报道称，如果把收入作为唯一的考核指标，英超所有俱乐部无疑都能排进全球前 40 位。其他几大联赛的收入前 6 名也并不比英超收入最少的俱乐部赚得多。英超的火爆当然与英国的足球传统、球迷数量、竞技水平、历史成绩等诸多因素有关，但真正将英超变为最昂贵的联赛的还是良好的商业模式和资本的介入。

首先，英超最大的收益来自电视转播权。20 世纪 80 年代末期，英国的足球联赛开始慢慢积蓄能量，恢复往日的风采。一些有效的举措在逐步推进，如修建了一座座崭新的球场、大力惩治足球流氓。英国国家队也很争气，逐渐踢出了精彩纷呈的比赛。

到 1990 年，在意大利世界杯上，英格兰队只是在半决赛的点球决战中不敌当时的联邦德国队，无缘决赛，但最终仍然取得了第四名的好成绩。越来越多的球迷重新回到球场观看比赛，这也让英格兰足球协会（英足总）和各大俱乐部赚得更多了。电视转播收入飞速增长，这也是增长最快的一项收入。在 1986 年，一份为期 2 年的英甲联赛的转播合同还只要 630 万美元（现约合 530 万欧元），两年后同样的合同却飞涨到了 2200 万美元。但是这些收入和转播权益都牢牢攥在英足总手里。在巨大的经济利益的诱惑下，英超豪门俱乐部曼联、阿森纳开始考虑脱离原先的管辖，自建一个联赛，并且负责门票销售和电视转播权的谈判等。1992 年 1 月，经过与英足总的一番艰难的拉锯战，俱乐部们终于获得了自行处理电视转播事务的权利，英超也随即正式成立。就在英超成立的同一年，凭借福克斯电视网在美国大获成功的默多克找上门来，精明的默多克想在英国复制美国的付费电视这一模式。为了在英国推广这一模式，默多克成立了天空电视台，并且开始大量采购那些观众人数众多的节目。英超很快进入他的视野，比赛好看并拥有成千上万的球迷，同时英超各俱乐部也想获得更多的收入，于是双方一拍即合。最终，天空电视台花费 1.9 亿美元买下了英超未来 5 年的转播权。此后，英超和天空电视台一直保持着长期的合作关系。不过，转播的费用也随着英超的日益火爆而水涨船高。2001 年，双方签订了为期 3 年，金额超过 11 亿英镑（现约合 12 亿欧元）的转播合同。就这样，电视转播成了英超最主要的一条财路。在 2013—2014 赛季，转播权销售带来的收入就占英超收入的一半以上。在英超成立的初期，电视台和英超之间的合作还处在一个相对平等的阶段。但到了现在，这种平衡状态被打破了，在英超和电视台的博弈当中，英超明显拥有更强的话语权。转播权的销售不但屡创天价，而且有多家电视台激烈竞争，就是一个很好的体现。

其次是球票收入。作为全世界最赚钱的联赛，英超的球票价格也是其他联赛望尘莫及的。在 2012 赛季，英超季票价格最高的是阿森纳，达到了 2013 英镑。而 2013 赛季公布的数据显示，最便宜的西布朗维奇的季票就高达 449 英镑，是德甲最高季票价格的两倍还多。英超几家顶级俱乐部（曼联、曼城、利物浦、切尔西、阿森纳及热刺）的球票价格比其他欧洲大陆顶级俱乐部的球票价格还高。在斯坦福桥看一场切尔西的比赛需要花费 52 英镑，而在伯纳乌看一场皇家马德里的比赛只需要一半的钱。欧洲冠军巴塞罗那比赛的最低票价是 17.16 英镑，而德甲豪门拜仁慕尼黑在一些标准比赛日的票价只需 11.19 英镑。观看英格兰或者苏格兰的四个顶级联赛一年的比赛,你最少需要花费 120 英镑。而让人吃惊的是,你只需花费 73.88 英镑就可以看 19 场巴塞罗那足球俱乐部的西甲比赛,平均每场不到 4 英镑。要知道,你可能看到的是梅西、内马尔和苏亚雷斯这些世界顶级球星的比赛。

国际资本的介入则让原本就很火爆的英超更加疯狂。2003 年,当时的俄罗斯首富阿布拉莫维奇花 1.5 亿英镑买下了债台高筑的切尔西俱乐部。阿布拉莫维奇的入主不仅还清了俱乐部的债务,还重建了这支球队。同年,切尔西在转会市场上的花费超过了 1 亿英镑,引进了包括格伦·约翰逊、马克莱莱、贝隆和乔·科尔在内的大牌球员。实力得到了巨大提升的切尔西一下子就成了英超的新霸主,从 2004 年开始连续两个赛季都拿到了英超冠军。切尔西也从此一跃成为英超乃至欧洲的真正的强队。除了在 2011—2012 赛季,切尔西因为博阿斯的执教失误只拿了第六名以外,在其他赛季基本都能取得前三的好名次。阿布拉莫维奇和切尔西的成功给整个英超球队指出了一条简单、粗暴的发展之路,其中不可或缺的因素就是钱。在随后的几年里,资本开始疯狂地涌入英超。2005 年,美国的格雷格家族花费了 7.9 亿英镑收购了曼联;2010 年,美国人约翰·亨利花费 3 亿英镑买下了处于破产边缘的利物浦;2011 年,美国人斯坦·克伦克收购了阿森纳,总金额为 7.31 亿英镑。再加上曼城背后的阿拉伯财团,莱斯特城背后的泰国富豪……英超已经彻底成为一场资本游戏。

昂贵的英超本土球员

高度商业化的英超不仅给球员创造了良好的发展机会,而且能提供诱人的薪水,英超自然而然成为许多高水平外籍球员的首选。而大量高水平外援的引入让英超更加异彩纷呈的同时,也威胁到了英格兰本土球员的成长。出于保护本土球员的目的,英超各俱乐部主席会议在 2009 年通过了一项重要决议:推出了"17+8"政策。具体内容是,从 2010—2011 赛季起,在每家英超俱乐部提供的球队大名单中,25 名球员中需要有 8 名本土培养的球员。这项政策虽然与球员的国籍无关,但是规定这 8 名球员 21 岁以前必须在英格兰接受训练。与此同时,欧洲足球协会联盟(欧足联)于 2012 年推出了"6+5"新政,即各俱乐部在欧战(欧洲冠军联赛和欧洲联盟杯)的比赛中最多只能有 5 名外籍球员登场,确保有 6 名本土球员参赛。这使得各大豪门不得不斥巨资引进本土新秀。这一政策的直接后果是这些英格兰本土新星成为各豪门争相疯抢的对象，球员的身价也就越炒越高。

2014年7月28日，英超阿森纳俱乐部宣布以1600万英镑签下19岁的南安普敦右后卫卡鲁姆·钱伯斯。据《转会市场》估算，钱伯斯还没有代表南安普敦出战的时候，身价只有区区50万英镑，仅一年，他的身价就疯涨至1600万英镑。此前曼联以3000万英镑签下了18岁的南安普顿小将卢克·肖。2011年夏天，被誉为"新杰拉德"的乔丹·亨德森和被誉为"新特里"的菲尔·琼斯分别被利物浦和曼联以1500万英镑、2000万英镑收入麾下。同样，曼城在莱斯科特的转会中花费了2200万英镑。然而这些仅仅是英格兰球员身价的缩影。当时在那支英格兰U21青年队中，"千万先生"大有人在，其中包括托特纳姆热刺后卫沃克（1000万英镑）、曼联中卫斯莫林（1500万英镑）、曼联前锋维尔贝克（1000万英镑）等。

再往前追溯，阿布拉莫维奇在入主切尔西的首个冬季转会期时，就不惜花费1000万英镑签下当时初出茅庐的英格兰边缘国脚斯科特·帕克，在随后的赛季中更是以2100万英镑的价格签下了名不见经传的赖特-菲利普斯。当时初次执教切尔西的葡萄牙籍教练何塞·穆里尼奥被质问，为什么23岁的赖特-菲利普斯会有2100万英镑的身价，"魔力鸟"的回答是"因为英国的转会市场已经失去了理智"。

本土球员的高身价在一定程度上也拉高了英超整体球员的身价。还记得2015年夏天法国小将马夏尔以7000万英镑的天价转会曼联时，有人问曼联头号球星鲁尼对马夏尔的看法时，鲁尼那句错愕的"谁?"（"Who?"）吗? 的确，在7000万英镑的转会费曝光之前，全世界知道马夏尔的人未必有知道马迭尔冰棍的人多。无独有偶，2016年8月9日，博格巴以8900万英镑的身价从尤文图斯转会曼联，双方签约5年，这一费用打破了当时世界足坛的转会费纪录。

高身价不等于高水平，也不等于好成绩

一般来说，球员的身价和其水平是呈正比的。但当球员的身价和球员所在俱乐部的制度、运营水平以及资金水平联系在一起时，这种身价和水平之间的关系就发生了扭曲。当年卡罗尔以3500万英镑的价格转会利物浦时，球迷间流传着一个段子：3000万英镑买的是英格兰"户口本"，剩下的500万英镑才是卡罗尔的身价。

"英超球员身价虚高"目前已成为各界共识。首先，这从英超很多球队的用人选人中可以看出来。从英超内部签下球员实在是太贵了，尤其是当你花大价钱签下的球员并不值那么多钱的时候，那就太亏了，博里尼就是最好的例子，桑德兰足球俱乐部可以用 1400 万英镑从欧洲其他国家签下更好的球员。对于那些希望保持财政平衡，又不想在战绩上有大滑坡的球队来说，从国外签球员是个更好的方法。这也就可以解释为什么切尔西和阿森纳这几年更喜欢从国外签下他们想要的球员，尤其是西甲（阿森纳的桑切斯只比拉拉纳多花了 500 万英镑）。近几年，纽卡斯尔也倾向于从国外签下球员，特别是法国。他们用这种方法也组建了一支战斗力非常不错的球队。其次，当高身价的英格兰本土球员来到其他国家的俱乐部时，取得成功的例子凤毛麟角。无论是麦克马纳曼、欧文还是贝克汉姆，他们在他国联赛中取得的成绩都远远不能和在英超时相比。

还有一个身价名不副实的例证，就是英格兰队差强人意的国际比赛成绩。一个非常简单的逻辑是，如果英格兰那么多无法进入国家队的球员都具备千万级别的身价，那么"三狮军团"早该拥有超一流的实力。但事实上，英格兰队只是在 1990 年意大利世界杯上表现出色，夺得殿军，除此之外球队从未进入过欧洲足球锦标赛的决赛，甚至屡屡爆出冷门无缘国际大赛。但令人感到诧异的是，英格兰队经常能成为国际比赛的大热门。有一种大众认可度颇高的观点是，英格兰队只是凭借曾经的高光表现和英超的异常繁荣，加之英国媒体的吹捧和数不尽的话题，让很多人高估了英格兰队的实力。2002 年之后的 10 年曾经被视为英格兰队的"黄金一代"，球队拥有像贝克汉姆、欧文、"双德"（杰拉德和兰帕德）、费迪南德、阿什利·科尔、加里·内维尔等一群明星球员，但他们在国际舞台上并未取得特别出色的战绩，反而一次次让球迷失望。2004 年，鲁尼以 2700 万英镑从埃弗顿转会曼联，但令人遗憾的是，作为国家队的头号球星，鲁尼从未带领"三狮军团"在世界大赛中取得优异的成绩，他作为主力前锋参加过三届世界杯，却只踢进一球。在 2014 年的巴西世界杯上，媒体统计英格兰队全体球员的身价高达 5.5 亿英镑，却无缘小组出线，而杀入决赛的阿根廷队的全体球员身价只有 3.552 亿英镑，其中还包括了身价世界第一的梅西。

总而言之，英超常被称为"世界第一联赛"，主要体现在其经济总量大、市场化程度高、转会活跃以及联赛冠军争夺激烈等方面。然而，强大、繁荣的英超却始终无法造就一支世界一流的"三狮军团"。联赛强，国家队却未必强。英超从来就不等于英格兰队。

💡 教学目标

本案例试图帮助学生理解两个知识点。

1. 价格和效用之间的关系并不完全对应。球员的身价和竞技水平（使用价值）的对应关系有时会因诸如球员政策、收入水平、资本介入等因素而发生扭曲。

2. 锚定效应的概念和强度。锚定效应是指当需要对某一事物进行量化估计时，先前的信息会对后续的判断产生制约性影响。英超球员的高身价存在锚定效应，其原理是，当对某个特定球员进行身价评估时，只要以营收水平或其他球员的身价作为评估的参考，那么该球员的身价就会受到营收水平或其他球员身价的锚定。

👥 教学对象

本科生、研究生。

👤 课堂讨论

1. 球员政策和钱的因素对英超球员的高身价分别起到了什么作用？

2. 按照市场交易的原理，球员的身价应当对应其竞技水平，但为何在竞技水平相同的条件下，英格兰本土球员的身价要高于外籍球员？

3. 英超球员身价过高的现象在哪些方面体现了锚定效应？

👥 教学计划

案例讨论前，需要让学生复习锚定效应的相关理论，并拓展阅读《经济心理学经典与前沿实验：揭密真实的经济思维》（辛自强，2014）、《行为金融学》（饶育蕾，盛虎，2010）、《无价：洞悉大众心理玩转价格游戏（经典版）》（威廉·庞德斯通，2015）中有关锚定效应的章节。

课堂讨论时，首先熟悉案例的背景信息，对英超的运营现状、相关政策有一个宏观的把握。

案例分析时，①分析英超球员的身价是如何走高的，球员政策和钱的因素各起到何种作用，这里可以继续探讨：球员政策在这种状况下能否达到保护青年本土球员的目的。②讨论为何英超球员身价溢价没有因俱乐部之间的自由交易而消失，而是与英超整体运营水平和资金水平保持一致。③在英超球员身价的问题上，哪些方面体现了锚定效应。④教师从价格和效用之间的关系、锚定效应两个方面进行总结。以上环节学生均可自由发言，进行观点的陈述和讨论。

案例讨论结束时，教师总结学生提到的案例中存在的几种锚定，对几种不容易想到的锚定点进行补充，如"外籍球员的身价也受到本土球员身价的锚定"。

🕐 课堂时间计划

案例背景资料介绍。	10 分钟
学生复述案例内容。	5 分钟
讨论1：球员政策和钱的因素对英超球员的高身价分别起到了什么作用？	20 分钟
讨论2：按照市场交易的原理，球员的身价应当对应其竞技水平，但为何在竞技水平相同的条件下，英格兰本土球员的身价要高于外籍球员？	20 分钟
讨论3：英超球员身价过高的现象在哪些方面体现了锚定效应？	20 分钟
教师从价格和效用的关系、锚定效应两个方面进行总结，总结学生提到的案例中存在的几种锚定，对几种不容易想到的锚定点进行补充。	15 分钟

❓ 问题分析

1. 球员政策和钱的因素对英超球员的高身价分别起到了什么作用？

"17＋8"政策和"6＋5"政策是为保护本土球员，尤其是青年球员而提出的。这两个政策将英格兰本土球员变为了各球队的"必需品"，造成了其稀缺性，客观上抬高了本土球员的身价。球队营收水平的提高和资本的涌入，让英超整体的资金水平高于其他联赛，推动了球员身价的提高。因此，这两个因素共同造成了英超球员的身价虚高，超出其实际竞技水平，即价格与效用脱节。

2. 按照市场交易的原理，球员的身价应当对应其竞技水平，但为何在竞技水平相同的条件下，英格兰本土球员的身价要高于外籍球员？

在世界足球俱乐部联赛的范围内，球员在俱乐部之间转会已经司空见惯，这是一种市场化的运作。按照市场交易的原理，球员的身价应当对应其竞技水平，任何身价超过其竞技水平的溢价都会在自由交易中消失。各个国家的俱乐部联赛虽然营收水平差异巨大，但它们对同等竞技水平的球员的定价不应有差异。但实际上，英超球员的身价更多与英超的营收水平挂钩。这是因为在英超内部进行球员交易时，英超对球员的定价是以营收水平和在英超中与之条件相似的球员的身价为参考值（基准值）的，这就导致了对球员的定价更依赖于这类本地参照系，受到这类参照信息的锚定。

3. 英超球员身价过高的现象在哪些方面体现了锚定效应？

首先体现在相对于其他联赛，英格兰球员的身价系统性地偏高，这受到英超整体营收水平的锚定；其次体现在英格兰本土球员个体的身价受同等水平的其他本土球员身价的锚定；最后还体现在外籍球员的身价受到本土球员身价的锚定而水涨船高。

🔧 **后继应用**

分析：英超球员身价过高的现象是否会一直持续下去？有什么办法能够消除这种由锚定效应造成的身价虚高的现象？

参考资料

饶育蕾，盛虎. 行为金融学. 北京：机械工业出版社，2010.

威廉·庞德斯通. 无价：洞悉大众心理玩转价格游戏（经典版）. 闾佳，译. 杭州：浙江人民出版社，2015.

辛自强. 经济心理学经典与前沿实验：揭秘真实的经济思维. 北京：北京师范大学出版社，2014.

5. 参照依赖

和一位学者型出租车司机的对话

窦东徽

摘要

"我"在一次打车奇遇中与一位颇有见地的出租车司机展开了对话，内容涉及司机本人独特的工作思路和方式：以运筹学的思想进行每天的载客工作，以最少的时间获得最大的产出，以及对打车软件的使用和对补贴大战的看法等。该司机的主要观点是：第一，打车软件虽然威胁到了出租车司机的利益，但客观地和从长远的角度来看，打车软件的出现有可能打破行业垄断；第二，打车软件公司之间的烧钱补贴可能并不能完全实现其预期的目标，是因为人们不满意补贴或奖励减少；第三，打车软件公司之间本来应该靠服务、体验来进行竞争，但资本的介入改变了游戏规则。

关键词

参照依赖、打车软件、补贴

昨晚和友人聚会，结束得有点儿晚，大家都喝得有点儿上头，出了饭店相互一问，才发现只有我一个人住在西边，他们都住在东边或北边。顺风车是搭不上了，能坐的公交、地铁也停运了，只能打车。此时正值初冬，夜晚街上行人不多，车也特别少，过去几辆出租车不是载着人就是停运。在冷风中站了一阵，慢慢感到有点儿狼狈了，茫然地拿起手机，也不知道该打给谁，突然想起，不是还有打车软件吗！果然喝多了头脑有些迟钝。醉眼迷离地在手机上点击打车软件，默认当前地址为出发地点……附近有 8 辆车……输入我家地址……发送！"Come on！Come on！"我在心里默念，像溺水的人渴望抓住救命稻草。

大概半分钟后，救命稻草出现了。页面显示，Y 出租公司一位姓崔的师傅接了单。电话立刻过来了，声音沉稳："您好，您在路北是吧，好，站着别动，我马上过去接您。"

没出 2 分钟，车到了。上了车，感觉像在世界被洪水毁灭前登上了挪亚方舟。车里整洁干净，还有一丝空气清新剂的味道，和有人形容的"冬天坐出租车就像钻进了司机师傅的被窝"的感受完全不同。"您好，去玉泉路是吧。"师傅微微侧头问我，表情平静，温和而矜持。我说"是"。师傅一脚油门，车平稳地开上了主路。

回家的路途漫长，总得聊点儿什么。"出租车司机都是话痨"的刻板印象其实已经不适用了，有些时候还得乘客自己挑起话头。

"幸好您接了单，否则我今天就回不了家了。这个点儿车怎么这么难打？"

"是难打。你想啊，首先，天冷，街上人少，活儿少，出租车收得也早；其次，你上车这地儿就有点儿偏，车过来的就少，实际上平行的主干道路上有车，但拉不着人；还有就是，很多司机都想这个点儿拉个去郊县的大活儿，所以都在西向东的路上，就算看到你的信息，得到前面 3 公里的地方才能调头，所以你难打到车。"师傅有条不紊地给我分析了一下。

我觉得这个师傅说话很有条理，觉得有必要再夸他一下。"您这车开得挺稳，您干这行不少年了吧？"

"嗯，干了 20 年了。开出租这行最大的好处就是自由，时间和收入能自己支配，比较符合我个人的框架。"

听到司机师傅用"框架"这个词，我被震到了，酒醒了一半。

"我和别的司机不一样的地方在于，我不是靠延长拉活儿时间挣钱，而是靠提高单位时间的产出。我平常晚上 6 点才出来，凌晨 2 点左右收工，相当于干大半天。我用运筹学的原理管理我的工作，尽量减少空载率，以最少的时间获得最大的收益。"师傅目不斜视，继续波澜不惊地说，"比如说，晚上 6 点出车，我有一个稳定的客户，他和我住得近，上夜班，每天出门就把他拉上去单位。这块儿收入是稳定的。完了我也不满大街乱走，我都是有针对性地去一些地方。我会对主要的商圈、餐饮区、演出场所进行分析，弄清楚每个时段哪里人比较多，更容易拉到活儿。熟悉周围道路情况也很重要。我还会特别关注一些演出信息，比如话剧、音乐演出什么的，因为有演出的地方晚上活儿肯定多，而且晚上车少，路好走，10 点以后还有夜间加价。"

"比如三里屯？"

"三里屯这种地方，白天还能去去，晚上特别是晚高峰，我都躲着走，虽然打车人多，但堵车堵得太厉害，虽说等待时间也计费，但不划算。"

我对这个司机很感兴趣，想多听听他的观点，于是把话题往另一个方向引："您都有自己的一套运筹学了，那打车软件对您来说用处大吗？"

"还是有用的，毕竟能提高效率。"

"现在打车软件里的那些快车、专车、顺风车对你们的生意有影响吗？"

"影响当然有。很多司机都不干了，因为活儿都被抢了呗。有人还想告这些打车软件公司，但是我对这事儿认识得还是比较客观的。我认为，这些顺风车啊快车啊虽然抢了正经出租车的生意，但从打破行业垄断来说，这是一条必经之路，长远来说是好事儿。你想啊，要没这些个东西，出租车行业垄断没有竞争，还不是把份儿钱收得高高的，最后苦的还是出租车司机自己。得有这么一个东西让这种垄断的局面有所改观。其次啊，这些快车、顺风车也是在政策的灰色地带，谁都说不好会怎么样。我估计啊，也是利益各方正在拉锯。不过有一点，顺风车、快车没有运营资质是个硬伤。政策不改，这些车迟早要被禁。"

我觉得今天遇到"神人"了。"师傅，我觉得您特别有思想，您是哪所大学毕业的，什么专业啊？"

"咳！我也没上过什么大学，中专生一个。但爱看书是真的，有空就会翻翻书，也爱琢磨事儿。好多事儿都是我自个儿悟出来的。"

我听得连连点头："那么您对之前两家打车软件公司的补贴大战怎么看？"

"烧钱呗。不就是刺激、培养用户的软件使用和支付习惯吗。比着烧的时候，司机和乘客都得利，得了好处当然高兴，但烧钱的事儿注定长不了。"

"那么，您觉得这场烧钱补贴大战达到预期效果了吗？我看过一份统计结果，说在补贴大战期间有 60％以上的网民会选择打车软件，'放利引流'的策略还是非常有效的，但一旦停止补贴，只有不到30％的网民愿意继续使用打车软件。这是因为啥？"

"咳，要说是软件安装率和移动端支付率，那肯定是达到目的了。但为啥司机和乘客后来抱怨多呢？还不是因为奖励和补贴越来越少了。开始是现金补贴，那会儿司机积极性多高啊，而且最开始只要拉够10单就有奖励，后来需要早高峰、晚高峰都要有拉单。开始甜头儿都给足了，现在没有了，能高兴吗？再往后，不奖励钱了，奖励'米数'，比如我实际距离你1000米，奖励我500米，你那儿显示我距离你500米，我的车就优先推荐给你了。这不就是作假吗？我有一个同公司的司机说：'感觉是卸磨杀驴，先靠我们做起来了，现在又反过来给我们各种奖励限制。'大家都不傻，你老这么玩儿就没什么意思了。"

我深有感触地说："是呀，作为乘客，我的感受也差不多，开始二三十块的代金券用着特别爽，我有好几个家到单位不算远的同事，天天打车回家，奖励完全抵了车费，相当于不花钱坐了俩月的车。到后来补贴越来越少，代金券从25块到10块，从10块到5块，然后是随机的3块、2块。大家都在骂，'怎么越来越少了，前天还都10块呢，今天成5块了！'其实有时候想想，有什么不满意的呢，就算是5块、3块，毕竟也是白得的呀。人家就是不给你，你不是也没脾气不是？"

"嘿嘿，对，这就叫'白捡个桃儿吃还嫌核儿太大'。"

"还是因为之前补贴太多了，一旦减少，心理受不了这种落差，尽管实际还是白赚的，人还是要骂。这就是人呵。"

司机呵呵乐了起来，"你发现没，人都是这样：如果你每天给他100块钱，连给了10年，但有一天没给，他就得骂你；如果你每天抽他10鞭子，连抽了10年，有一天没抽，他就会感激你"。

"确实，都这样。"我也乐了。

"说正经的，我还是那个观点，打车软件本来是个好东西。如果大家自由竞争，拼服务拼体验，可能会让司机和乘客都从中受益，并有可能改变行业。但从被资本介入开始，这游戏就变味儿了，打车软件注定要成为巨头的移动化工具。你是住这个小区吧？"

我往外一看，车已经到了我家小区门口。用手机付完车费，下车，道别，酒已经完全醒了。望着出租车远去的尾灯出了一会儿神，我转身步入小区。

💡 教学目标

1. 通过讲述乘客与出租车司机的对话，帮助学生理解参照依赖理论。

2. 通过讲述随着打车软件公司之间的"烧钱"补贴大战的结束，价格补贴越来越少，导致使用者不满的事例，帮助学生理解：①让人们产生损失或收益感觉的不是财富的最终状态，而是相对于参照点的变动；②人们开始享受价格补贴时往往视其为一种收益或福利，当补贴持续，个体的参照点向收益部分移动，个体感觉到收益，当补贴减少或取消时，价值曲线向左边移动，个体感觉到损失，产生不满情绪(图 5-1)。

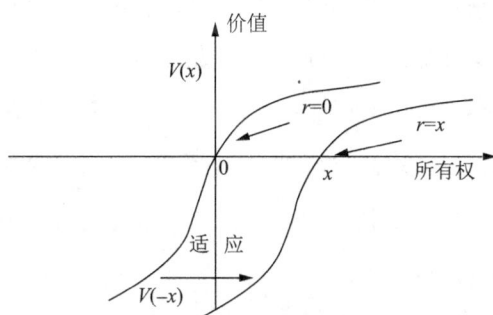

图 5-1　参照点的改变

（来源：Strahilevitz & Loewenstein，1998.）

👥 教学对象

本科生、研究生。

👤 课堂讨论

1. 打车软件公司进行补贴的初衷是什么？

2. 补贴减少为何会引发司机和乘客的不满？

3. 资本介入打车软件公司之间的竞争的后果是什么？

👥 教学计划

案例讨论前，需要让学生预习或温习的知识点包括：①前景理论中的参照依赖的概念及表现；②参照点改变理论及程数理论。

课堂讨论时，教师可简单了解学生对打车软件的使用经验和熟悉程度，以及对打车软件之争的关注及了解程度，然后让学生复述案例的基本内容，加深学生对案例的了解（可根据案例的文本特点安排角色扮演）。

案例分析时，①重点理解出租车司机的主要观点：第一，打车软件的出现有可能打破行业垄断，不能因为其威胁到了出租车司机的暂时利益就反对它；第二，虽然打车软件公司的"烧钱"补贴提高了软件安装率和移动端支付率，但人们会因为补贴或奖励的减少而放弃使用；第三，资本的介入或许扭曲了打车软件公司竞争的手段。②在乘客与司机的对话中，乘客和司机面临的补贴减少的情况有所区别：司机除了奖励金额减少，还有奖励方式变化导致的实际收益的减少。③司机那句"人都是这样：如果你每天给他100块钱，连给了10年，但有一天没给，他就得骂你；如果你每天抽他10鞭子，连抽了10年，有一天没抽，他就会感激你"，点出了价格补贴减少后乘客和司机不满的原因，应着重分析。④分析为何司机和乘客面对补贴减少都会不满时，要紧扣参照依赖理论和参照点改变理论。

课堂讨论结束时，教师总结：参照依赖理论和参照点改变理论能够有效解释补贴减少后司机和乘客对打车软件的态度变化。

⏱ 课堂时间计划

案例背景资料介绍。	10 分钟
学生复述案例内容。	5 分钟
讨论 1：打车软件公司进行补贴的初衷是什么？	20 分钟
讨论 2：补贴减少为何会引发司机和乘客的不满？	20 分钟
讨论 3：资本介入打车软件公司之间的竞争的后果是什么？	20 分钟
教师总结：参照依赖理论和参照点改变理论能够有效解释补贴减少后司机和乘客对打车软件的态度变化。	15 分钟

⊙ 问题分析

1. 打车软件公司进行补贴的初衷是什么？

打车软件公司进行补贴的初衷有三个方面：①吸引客户，快速提高软件安装率；②增加移动端支付率；③形成客户黏性。

2. 补贴减少为何会引发司机和乘客的不满？

①让人们产生损失或收益感觉的不是财富的最终状态，而是相对于参照点的变动。虽然补贴在减少，但对乘客来说，实际收益还是正值，乘客的不满来自和之前补贴较多时的比较。司机的情况也是类似的。

②人们开始享受价格补贴时往往视其为一种收益或福利：当补贴持续，个体的参照点向收益部分移动，个体感觉到收益；当补贴减少或取消时，价值曲线向左边移动，个体感觉到损失，产生不满情绪。

3. 资本介入打车软件公司之间的竞争的后果是什么？

①市场后果。首先，让相互竞争的打车软件公司改变了竞争方式。过去这些公司是靠拼服务和体验来争夺客户的，资本介入后，它们更多依靠价格补贴策略，短时间内大量"烧钱"，聚拢人气。其次，改变了市场的格局。资本介入提高了这一行业的资金门槛和运营成本，导致大批同类型小公司消亡。再次，势均力敌的消耗之后形成的僵持局面可能会让竞争双方转而联合起来，形成一家独大的局面，从而实现最大限度的市场占有率。最后，改变了打车软件的终极属性。打车软件不再是单纯意义上的打车利器，而成为巨头商业布局中的移动化工具。

②心理后果。首先，资本介入可能让相关企业产生更强的风险偏好，在决策时更加激进和冒险。这可能与赌场资金效应有关。其次，资本介入让用户将对资本方的偏好转移到相关软件上。最后，资本介入导致的补贴竞争容易让用户产生"免费午餐"的幻觉，提升心理预期或阈限，但当价格补贴不能维持时，用户会将对损失的厌恶转移到对资本方的态度上。

🔧 后继应用

1. 请学生列举生活中其他参照依赖的例子。

2. 制度设计：帮打车软件公司设计一个综合性的方案，用于降低补贴减少后用户的不满和失落。

参考资料

辛自强. 经济心理学经典与前沿实验：揭秘真实的经济思维. 北京：北京师范大学出版社，2014.

刘腾飞，徐富明，张军伟，等. 禀赋效应的心理机制及其影响因素. 心理科学进展，2010，18(4).

Kahneman, D. , Knetsch, J. L. , & Thaler, R. H. Experimental Tests of the Endowment Effect and the Coase Theorem. *Journal of Political Economy*, 1990，98(6).

Strahilevitz, M. A. , & Loewenstein, G. The Effect of Ownership History on the Valuation of Objects. *Journal of Consumer Research*, 1998，25(3).

6. 风险感知

配资炒股，玩的何止是心跳

窦东徽

摘要

股民四倍配资致 170 万本金赔光而跳楼的悲剧让配资炒股再次成为大众关注的焦点。配资炒股是指配资公司以一定的配资比例或杠杆借钱给投资者炒股，以此收取利息。但是，配资公司对股民操作的资金账户拥有最后的控制权。一旦账户的资金降至预警线，账户就有被平仓的可能。通过配资，本金成倍增加。如果股票一路看涨，那么股民就会获得巨额回报；但是股票一旦下跌，股民的钱就有可能在几天内全部亏光。场外配资被禁止后，一些配资公司以民间借贷的方式向股民提供资金。一位从业者认为，投资者会在巨大利益的诱惑下忘记教训，特别是那些经历亏损，急切希望翻本的投资者。

关键词

风险感知、配资炒股、预警线

股民四倍配资致 170 万本金赔光而跳楼

2015 年 6 月 10 日 22：00 左右，在 C 市某小区，一名男子坠楼身亡。接到报警之后，当地派出所、120 迅速赶到现场。经过警方勘验，排除了他杀的嫌疑。初步调查显示，该男子的自杀与配资炒股有关。

坠亡的 H 姓男子就居住在事发小区的 22 楼，32 岁，C 市人，已婚，有一个 6 岁的孩子。熟悉 H 先生的小区居民介绍，H 先生平时喜欢炒股，不惜花费巨额资金使用配资杠杆来投资股市。知情人告诉记者，H 先生亏了 170 万，并用配资杠杆翻了四倍。赔光了之后，他的妻子跟他连吵了两天，本身股票亏了就有压力，再加上家庭失和，他就承受不住了。

这起悲剧发生之后，一个关于 H 先生的帖子迅速疯传网络。贴吧信息显示，H 先生投入 170 万元本金加四倍配资，全仓了一只当时很火热的 Z 股票，6 月 9 日和 10 日，该股票连续两个跌停，他的 170 万本金全部亏光，最终导致了 10 日晚上的坠楼事件。

据媒体报道，H 先生跳楼前在股吧留下一段话："离开这世界之前我只是想说，愿赌服输，本金 170 万加配资四倍，全仓 Z 股，没有埋怨谁，都怪我自己贪心，本想给家人一个安逸的生活，谁想输掉了所有。别了，家人，我爱你们，我爱这个世界。"

股票配资是怎么回事

造成这一惨剧的配资炒股到底是怎么回事呢？所谓配资炒股，简单说就是配资公司借钱给你炒股。假设你有 10 万，按照 1∶4 的比例，配资公司再借给你 40 万，让你实际上有 50 万来炒股。首先你要把自己的钱存入配资公司的银行账户作为保证金，接着配资公司就会给你一个股票账户，里面有资金 50 万，你就可以用这个账户炒股，收益和亏损都归你。有的配资公司声称最多可以提供给股民 10 倍的杠杆资金，1000 万的资金一天之内就能到位。

当然，借钱是要成本的，你通常需要为配资公司提供的资金支付 1.4%～1.8%，甚至更高的月息。此外，最重要的一点是，这些钱（自己的钱和配资的钱）都不是在你自己的股票账户上操作的，而是配资公司给你指定的一个股票账户。这也就意味着配资公司对资金有最终的控制权，它可以随时监控你的操作，乃至直接操作、强制平仓。

配资公司何时会进行强制平仓呢？这就涉及预警线（止损线）的设定问题。目前预警线的设定大概有两种方式。一种是以配资金额为基准来设定的，一般设定为配资金额的 110%，比如，配资金额是 40 万，预警线就是 44 万。另一种是以投资者投入的自有资金来设定的，预警线可能是 10 万的 10%，也可能是 40%。以 40% 计算，账户预警线就是 44 万（40 万＋10 万×40%）。配资账户都设置了预警线，而且被实时监控，当账户中的个人资金部分的亏损达到预警线的时候，就会触发预警。配资公司会给投资者打电话，要他们追加保证金或者减轻仓位。以 1∶4 的杠杆为例，亏损 15% 可能就需要增加保证金，客户就会接到配资公司的电话了。一旦配资人没有采取任何措施，到了平仓线，配资公司就会强制平仓。股票卖出后，即使一路大涨，也与投资者无关了。

通过配资，本金成倍增加。如果本金升值，那么股民将获得巨额的回报，但是股票一旦下跌，股民的钱在几天内就能亏光。如果配资 4～5 倍，只需要两个跌停就会让股民赔光本金；如果使用 10 倍杠杆，则一个跌停板就会赔光，股民将承担巨大风险。H 先生用 170 万的自有资金投资，1∶4 的配资比例，配到的资金是 680 万，指定账户中可用于操作的资金是 850 万。如果全仓买入一只股票，两个跌停后，账户余额就将仅有 688.5 万。在这种情形下，配资公司一般会强制平仓，配资公司不会有任何亏损，股民的 170 万则几乎全部亏掉。

媒体跟进报道了解到的情况是，在跳楼事件发生前，配资公司实际上就已加强了风控。第一是控制配资比例，1∶6 和 1∶7 的基本不做了，1∶4 就是高的了。也就是说，你有 10 万炒股资金，配资公司最多给你配 40 万，让你最多可以用 50 万炒股。第二是预警线提高了，以前可以让你亏到只剩自有资金的 10%，现在还有 40% 就要止损。当然，这个比例指的是自有资金。同样，以 10 万入市，配完资后账户余额为 50 万计算，以前的止损线是 41 万（40 万＋10 万×10%），现在是 44 万（40 万＋10 万×40%）。

地下配资公司老板：散户的记忆只有 7 秒

鉴于配资对风险的放大作用和对市场稳定性的冲击，中国证券监督管理委员会（证监会）明确做出规定，券商不得以任何形式参与场外股票配资等活动。多家违规为场外配资公司提供通道、软件的机构被证监会严厉处罚，清理场外配资进入收官战的消息占据各财经媒体头条。记者调查获悉，多数配资公司已经偃旗息鼓，但不接入任何系统、软件，而以民间借贷形式开展业务的地下配资公司仍在悄悄运行。

Z 先生就是这样一家配资公司的老板。之前的大好行情让 Z 先生的配资公司赚了个盆满钵满。"连证券公司的员工也过来借钱。"他透露，来借钱炒股的人都有很强的赌性，证券公司虽然有融资融券，但融资的比例是 1∶1 或者 1∶2，也就是说，如果客户自己有 10 万元资金，最多能从证券公司借到 20 万元，也就是可以用 30 万元买入股票。配资公司可做到 1∶5，即如果客户有 10 万元，可以借出 50 万元，可交易资金达到 60 万元。对于出借资金，配资公司一般按 2% 的月息收费。

但好景不长，两轮股灾让绝大多数配资客损失惨重，Z 先生的公司也差点关门。

由于暂时没有看好别的生意，Z 先生决定撑下去。"大家都知道，散户的记忆只有 7 秒，只要大涨两天，配资客还会回来的，"Z 先生说，"特别是那些赔了钱的客户，其实他们并没有真正远离股市，赌性难改，一有机会还是想赚回来。"

让 Z 先生感触最深的是，2015 年的两次股灾来得过快过猛，下跌过程中大批股票又突然停牌，配资公司以往稳赚不赔的境况受到挑战。想强平仓也平不了，等到打开跌停板时再强平仓，客户的保证金全搭进去了还不够，配资公司的钱也有不小的损失。这时候，有的客户放弃保证金跑掉，配资公司就倒霉了，不少地下配资公司因此关停。

为适应新变化，Z 先生的配资公司调整了交易规则，配资比例从原来的 1∶5 降到 1∶3，同时提高预警线和平仓线。投资者的自有资金和配资资金的总额如果触及 96％，投资者需补充保证金，市值总额触及 93％ 就会强行平仓。

Z 先生表示，如果是自己的亲戚朋友，他不建议他们配资炒股，"风险太大，就是赌博，也可以说是在刀尖上跳舞"。

结　语

配资公司的大量出现无疑给股民营造了一种类似赌博的心理。股市本来就有高风险，配资可以让收益成倍增加，但风险同样被成倍放大。在瞬息万变的市场当中，投资者稍有不慎就会血本无归。2015 年 6 月之后，证监会已经明确规定券商不得以任何形式参与场外股票配资等活动，并提醒股民不要借钱炒股。

💡 教学目标

1. 帮助学生理解配资炒股的概念、运行原理以及风险是如何被放大的。

2. 引导学生通过案例更深入地了解风险感知变化的规律，包括赌场资金效应、蛇咬效应和翻本效应。

3. 引导学生自发形成并应用规避此类风险的策略。

👥 教学对象

本科生、研究生。

👤 课堂讨论

1. 案例中的投资者参与配资炒股的行为可以用风险感知的哪些效应来解释？

2. 投资者选择配资似乎与损失厌恶相违背，如何认识这一问题？

3. 此案例还涉及哪些经济心理学效应或现象？

👥 教学计划

案例讨论前，让学生结合《投资心理学（原书第5版）》（约翰·R.诺夫辛格，2013）中的相关内容，复习理论课所讲的风险感知的相关知识；通过自行查找资料了解有关配资炒股的信息，大致了解其含义及运作方式。

课堂讨论时，强化背景信息，让学生谈谈自己掌握的有关配资炒股的信息，如身边熟人参与配资炒股的情况，并在此基础上简单复述案例。

案例分析时，①分组讨论：案例中的投资者参与配资炒股的行为可以用风险感知的哪些效应来解释？具体体现在哪些关键行为上？汇总学生讨论的结果。②延伸讨论：炒股有赚有赔，如果将其视为输赢概率均等的博弈，那么根据损失规避原理，个体投资者不应选择配资这种风险如此之高的投资方式，如何解释？学生结合之前有关损失厌恶的知识，区分这两种效应产生的情境，并给予全面的解释。在此过程中教师给予引导和启发。③讨论问题"此案例还涉及哪些经济心理学效应或现象？"时采用小组竞赛的形式，鼓励各小组通过讨论得出尽可能多而且准确的答案。

案例讨论结束时，教师总结，讲解风险感知对投资的影响。

🕐 课堂时间计划

案例背景资料介绍。	10 分钟
学生复述案例内容。	5 分钟
讨论 1：案例中的投资者参与配资炒股的行为可以用风险感知的哪些效应来解释？	20 分钟
讨论 2：投资者选择配资似乎与损失厌恶相违背，如何认识这一问题？	25 分钟
讨论 3：此案例还涉及哪些经济心理学效应或现象？	15 分钟
教师总结，讲解风险感知对投资的影响。	15 分钟

❓ 问题分析

1. 案例中的投资者参与配资炒股的行为可以用风险感知的哪些效应来解释？

①赌场资金效应。赌场资金效应是指先前的收益会增加后期决策的风险偏好。配资给人的感觉是配资公司借钱给你炒股，配资就如同一笔额外收益，无形中就会降低投资者对风险的敏感性。

②蛇咬效应。某些个体在经历了亏损之后表现为对风险敏感。这一点在配资公司老板经历损失或预期将经历损失，然后提高预警线和降低杠杆率的做法上有所体现。

③翻本效应。表现为个体在经历损失后可能对概率相同的博弈不感兴趣，却愿意参加赌注翻倍的博弈，即要么全部赢回来，要么输得彻底；也表现为个体对风险的敏感性降低，这从配资老板认为的"散户的记忆只有7秒"的论述中有所体现。

2. 投资者选择配资似乎与损失厌恶相违背，如何认识这一问题？

股票有赚有赔，如果将其视为输赢概率均等的博弈，那么根据损失规避的原理，个体投资者不应选择配资这种风险如此之高的投资方式，但投资者却热衷于选择这种高风险的方式，表现出对风险的寻求。首先，可以用赌场资金效应解释，配资如同一种收益，降低了投资者对风险的敏感性；其次，股市进入牛市，投资者对前景的判断趋向乐观，更多关注可能的收益，而忽略同样被放大的风险；最后，投资者过度自信。

3. 此案例还涉及哪些经济心理学效应或现象？

①过度自信和控制幻觉。事实上，在股票市场的走势、配资账户的处置方面，投资者都没有决定性的控制权，但配资账户名义上是由投资者操作的，导致了较强的控制幻觉。

②心理账户。投资者在对收益进行预期的时候，是将本金和配资合账考虑的，而预警线的设定要么按本金来划定比例，要么按配资来划定比例，是分账的方式。投资者根据预警线来评估风险时，在直觉上容易忽略面临损失时两个账户的联动关系，因

此容易低估风险。

③锚定效应。预警线设定的比例通常较低，投资者容易在直觉上将其作为风险评估的锚定值，从而低估风险。

🔧 **后继应用**

设计一个小实验，证明预警线的不同表征方式(以总额的百分比表征的方式和以本金的百分比表征的方式)会对投资者的风险感知产生影响。

参考资料

约翰·R. 诺夫辛格. 投资心理学(原书第5版). 郑磊，译. 北京：机械工业出版社，2013.

7. 沉没成本

一份带有瑕疵的生日礼物

于泳红

摘要

　　大学生小刁为同学选择生日礼物，但学校礼品店里的商品不仅品种少而且价格高，他随后到某网上商城参加"6·18"抢购，却没能抢购到心仪的商品，最后他选择到某网购零售平台上购买。货比三家后，小刁最终选择变色杯作为礼物。在选择了样式、设计了图案之后，他满心欢喜地下了订单，充满期待地等着收货。商品终于在同学生日的当天送到了小刁手里，可是小刁却发现礼物的包装非常简陋，而且杯盖还有裂痕。在与商家沟通后，商家同意退货或者换货，然而小刁却没有接受商家提供的解决方案。他觉得自己在购买杯子的过程中花费了不少精力，如果不送这样的礼物，那么自己前面所有的付出都白费了，所以他在给了商家差评之后选择留下杯子，重新买了配套的杯盖并对礼物进行了包装。最终，小刁送给同学的是一份并非原装的生日礼物。几天后，小刁发现其他同学以更便宜的价格买到了同样的杯子，他认为虽然自己买贵了，但是自己买的杯子让过生日的同学很开心，而且自己的杯子买得更早，质量也应该更好，所以并不觉得不划算。

关键词

沉没成本、理性决策、合理化

　　大学生小刁的同学最近要过生日，因此他考虑给同学买个生日礼物。他先是来到了学校的礼品店进行挑选。礼品店商品种类不多，相同种类的商品都摆在一起。在有限的礼品中他发现了一系列有大有小但样式相同的抱枕，然而向店主询问价格后却发现它们的价格差别比较大，最小的抱枕只要 15 元，而最大的抱枕却要 160 元。考虑到这里的商品不仅品种少而且价格高，他最终放弃了在学校礼品店给同学购买生日礼物的想法。

在想到某网上商城近期有促销活动时，小刁首先来到了该网站并进入了抢购专区，选择好了一些商品准备到时抢购，然而最终他还是没能成功抢购到心仪的商品。受沮丧情绪的影响，他感觉该网站的商品价格都很高，而且商品也没有那么好，因此他关闭了该网上商城的页面。

紧接着小刁选择到某网购零售平台进行挑选。他先是以"生日礼物"作为关键词进行搜索，搜索到了很多种类的商品。由于要购买的商品是送给同学作生日礼物的，小刁觉得具有实用性和新颖性的商品更合适。经过精挑细选，他发现了一个极其新颖的商品——变色杯。店家称，当杯子装满热水时，杯子外面的颜色将褪掉而显现出一些图案。这种变色杯的价格为 40 元。小刁感到很兴奋，有意要购买。但是，考虑到网上相同种类的商品往往会有很多卖家，价格也会有差异，他没有马上购买，而是继续搜索其他卖家的类似商品并进行比较。他以"变色杯"为关键词再次进行搜索并按照销量进行排序，点击并进入排序第一的商品的界面后，他发现这家店正在进行促销活动，原价 37～75 元的杯子现在促销价只要 15～30 元，小刁感到十分开心。再看商品旁边的图片，上面赫然写着"今天特价""闪电发货""送杯盖、勺子、礼盒"等字样。再向下翻页面，他发现有各式各样的关于这款杯子的精美图片，甚至还有一个视频专门介绍商品的原理，他感到十分兴奋，仿佛这正是为自己准备的。于是，在向店家询问了发货时间并确保能在同学生日前送到后，他选定了价格最高的杯子的样式，精心制作了变色后杯子上的图片，给店家发了过去，并支付了 30 元。此外，鉴于以前网购时某快递公司运送货物的时间很长，而且有时到货后还不发短信通知自己取件，他特意给商家备注不要发这个公司的快递，以免杯子不能按时送到。

提交了订单后，小刁一直惦记着给同学的这份生日礼物，并希望快递能够将礼物早点送到，然而直到同学生日当天，这个商品才送达。在拿到快递之后，他迅速拆掉了快递的外包装盒。结果他发现商家所说的礼盒其实就是一个普通的棕色纸盒子，也没有任何装饰，小刁觉得有些失望。等打开盒子后，他发现附带的杯盖还有一条裂纹，而且商品也没有当初在网站上看得那么漂亮。他十分气愤，迅速与商家联系。在跟商家交涉一番之后，商家说可以让他将原来的商品寄回去，然后免费给他换一个带有精美包装盒的完好商品或者可以选择退货退款。但是考虑到如果换货时间已经来不及，而退货的话自己已经为商品付出了这么多的时间和心血，他拒绝了商家的建议，在给了商家一个差评之后决定自行弥补残缺。紧接着，他又来到了学校里的礼品店。他先在店中看了看杯子，当看到店中只有一些普通的杯子，价格不仅在30元以上，还没有附赠其他配件时，他暗暗庆幸没有选择退货是对的。然后，他选择了一个能够跟原来的变色杯配套的盖子和一张包装纸。在得知要花去25元时，他心里感到不舒服，与店主讨价还价后，最终花了20元。就这样，小刁在同学生日当天送上了这份来之不易的生日礼物。

过了几天，小刁发现其他同学也购买了类似的变色杯。向对方询问价格之后，他得知同学只花费了15元，而且同样有杯盖、勺子等配件，他觉得很不公平。但是，当想到自己的杯子是送给同学的礼物，想到同学收到礼物后非常开心的表情时，小刁又觉得贵一些也是值得的。同时他还想，那个同学的杯子是刚刚购买的，还不知道质量如何，在"这么便宜的杯子极有可能过几天就会有质量问题"的想法下，他内心的沮丧感得到了一定程度的缓解。

教学目标

1. 通过讲述大学生购买生日礼物这个常见的消费行为，来说明在消费决策中受沉没成本影响的非理性行为。按照经济学中的理性人假设，人在决策时只需考虑哪个选项获得结果的效用最大即可。当前的决策不受过去行为以及过去事件结果的影响，才是理性决策。

2. 通过分析这个案例，帮助学生理解人在消费决策中由于受认知、情感以及个体经历等因素的影响往往不能做出符合理性人假设的最优决策。

教学对象

本科生、研究生。

📋 课堂讨论

1. 小刀收货后发现杯子盖有裂痕，在商家同意换货或退货后仍然决定留下杯子。这个决定合理吗？

2. 促使小刀留下杯子的原因是什么？如果小刀的同学的生日是在他收到快递后的一个月，小刀还会选择留下杯子吗？

3. 小刀看到同学在网上买到的杯子比自己买的还要便宜时是如何解释的？你是否也有类似的经历？

👥 教学计划

案例讨论前，让学生预习针对理性人假设和期望效用理论等理性决策所提出的悖论。阅读"Toward a Positive Theory of Consumer Choice"(Thaler，1980)和"The Psychology of Sunk Cost"(Arkes & Blumer，1985)两篇文献。

课堂讨论时，可先让学生复述该案例，并列举生活中经历或观察到的类似例子。例如，买了健身卡后发现自己本来不舒服也非要去健身，高价买的衣服虽然不一定合身但是为了说服自己还是会穿几次。这说明人在消费后的行为受到付出的金钱代价的影响，并不能做到非常理性。

案例分析时，引导学生关注小刀收到快递的当天就是他同学的生日，时间是他选择不退换货的一个重要因素。在时间紧迫的情况下，小刀必须要评估能否在学校找到代替当前礼物的更好商品，而且他为了给同学选到合适的礼物在网上花费了不少时间去查找以及和商家沟通，还很花心思地设计了图案，如果退换货，他的这些付出就意味着没有了回报。因此，在这次消费决策中起重要作用的是时间和前期金钱以及情感的投入。

案例讨论结束时，教师首先要总结沉没成本的含义及其作用，然后引导学生进一步讨论除了时间以外还有哪些因素会影响沉没成本效应，以及沉没成本效应可能会持续多长时间。若学生无法明确回答问题，则可以引入"Toward a Positive Theory of Consumer Choice"(Thaler，1980)和"The Psychology of Sunk Cost"(Arkes & Blumer，1985)两篇文献的研究结果来加以说明。

🕐 课堂时间计划

学生复述案例内容。	5 分钟
讨论 1：小刁收货后发现杯子盖有裂痕，在商家同意换货或退货后仍然决定留下杯子。这个决定合理吗？	15 分钟
讨论 2：促使小刁留下杯子的原因是什么？如果小刁的同学的生日是在他收到快递后的一个月，小刁还会选择留下杯子吗？	20 分钟
讨论 3：小刁看到同学在网上买到的杯子比自己买的还要便宜时是如何解释的？你是否也有类似的经历？	20 分钟
教师总结沉没成本的含义及其作用，通过分析两篇文献，总结影响沉没成本效应的因素，以及沉没成本效应的持续时间。	30 分钟

❓ 问题分析

1. 小刁收货后发现杯子盖有裂痕，在商家同意换货或退货后仍然决定留下杯子。这个决定合理吗？

小刁的决定不合理，因为有瑕疵的杯子无论如何都不可能作为礼物送给同学。留下杯子后他面临两种可能的结果：一是能找到匹配的杯子盖并花钱购买该杯子盖，才能保证这个杯子是合适的礼物；二是找不到匹配的杯子盖，要重新花钱买一份新礼物。从这两种结果来看，第一种实现的可能性小，而且在原有杯子价格的基础上还要再消费，如果不能找到匹配的杯子盖，则意味着在现有代价的基础上要再付出代价买一份新礼物；第二种确保能实现，付出的代价仅仅是购买这份新礼物花费的钱。从小刁的选择来看，他选择了实现概率较小，同时仍需付出代价的方案。

2. 促使小刁留下杯子的原因是什么？如果小刁的同学的生日是在他收到快递后的一个月，小刁还会选择留下杯子吗？

原因有两个。第一个是时间。小刁收到快递的当天就是同学的生日，如果退换货，那么杯子将无法作为生日礼物。第二个是小刁前期花在选择这份礼物上的时间和精力。小刁不在学校礼品店购买礼物不仅仅是因为礼品店的商品价格高，更重要的是他认为这些商品不够新颖，所以才花费不少时间在网上购买，特别是最后这份礼物他还花费了心思设计图案。所有这些时间、金钱甚至情感的投入都作为沉没成本，促使小刁决定留下杯子。

如果小刁的同学的生日是在一个月以后，小刁很可能会选择退换货，因为他还有足够的时间去选择同样的商品作为生日礼物。

3. 小刁看到同学在网上买到的杯子比自己买的还要便宜时是如何解释的？ 你是否也有类似的经历？

一方面，他解释自己买的杯子虽然贵，但是作为礼物送给同学收获了同学的情谊；另一方面，他歪曲解释后来买的杯子虽然便宜但很可能质量不好，以此来合理化自己在价格上的损失。

鼓励学生说出自己在面对失败选择时的合理化经历。

🔧 **后继应用**

1. 影响沉没成本效应的因素除了时间还有投入金钱的多少。投入的金钱越多，沉没成本效应的影响越大，典型的例子就是协和飞机事件①。对个体决策者来说，如果沉没成本需要决策者承担责任，那么接下来他更容易受到前期投入的影响。

2. 沉没成本还可以扩展到金钱以外的领域，如时间和情感。个体对某事或某人投入的时间和情感越多，虽然这件事或这个人无法再给个体带来快乐，但个体仍不能主动放弃。

参考资料

陆剑清. 现代投资心理学(第三版). 北京：首都经济贸易大学出版社，2016.

---

① 20世纪60年代，英、法两国政府联合投资开发大型超音速客机，即协和飞机。该种飞机机身大、装饰豪华并且速度快，但是成本很高，单是设计一个新引擎就可能花费数亿元。项目开展不久，两国政府发现：继续投资开发这样的机型，花费会急剧增加，但这样的设计定位能否适应市场还不知道；若停止研制，后果也是可怕的，因为以前的投资将付诸东流。随着研制工作的深入，他们更是无法做出停止研制的决定。协和飞机最终研制成功，但因飞机的缺陷多(耗油量大、噪声大、污染严重等)以及运营成本太高，不适合市场竞争，英、法政府为此蒙受了很大的损失。如果两国政府在研制过程中能及早放弃，本来可以减少损失，但他们没能做到。最后，英国和法国航空公司宣布协和飞机退出民航市场，才算是从这个无底洞中脱身。

尼克·威尔金森. 行为经济学. 贺京同，那艺，等，译. 北京：中国人民大学出版社，2012.

俞文钊. 当代经济心理学. 上海：上海教育出版社，2004.

Arkes，H. R.，& Blumer，C. The Psychology of Sunk Cost. *Organizational Behavior and Human Decision Process*，1985，35(1).

Thaler，R. H. Toward a Positive Theory of Consumer Choice. *Journal of Economic Behavior and Organization*，1980，1(1).

8. 赌徒谬误

网络众筹新宠： 一元夺宝

于泳红　张晓宇

摘要

　　一元夺宝是一种新兴的网络抽奖形式，由网络平台提供各种奖品，并根据每件奖品的市场价格分配相应数量的号码，每个号码价值一个夺宝币。当一件奖品的所有号码售出后，网站按照既定规则计算出一个幸运号码，持有这个号码的用户将直接获得这件奖品。这类夺宝活动因为参与门槛低、所抽奖品价值高而吸引了众多参与者，网络平台则通过赚取差价获得利润。虽然运营一元夺宝的公司或平台宣称中奖号码有明确的计算方法能够保证抽奖结果的公平性，但这类抽奖活动仍然受到了不少质疑，如夺宝类手机应用程序（App）是否合法、抽奖是否存在暗箱操作等。除此之外，一元夺宝还造成了某些参与者沉溺其中不能自拔，最后负债累累以致家破人亡的悲剧。

关键词

赌徒谬误、一元夺宝、小概率事件、诊断效用

一元夺宝的概念

　　一元夺宝引入了"众筹"这个当下互联网的新概念，每个参与者最低只要一元钱就有机会获得一件奖品。一元夺宝平台提供各种奖品，并根据该奖品的市场价格分配相应数量的号码，每个号码价值一个夺宝币。当一件奖品的所有号码售出后，网站按照既定规则计算出一个幸运号码，持有这个号码的用户将直接获得这件奖品。

夺宝规则：第一步，获得夺宝币；第二步，选择自己喜欢的奖品并参与夺宝（每件奖品都有数量一定的号码，而且每个号码都是唯一的，参与者每消耗一个夺宝币就可以获得一个号码，用户一旦获得号码就表明参与成功了，并且每个号码都是系统随机分配的）；第三步，参与者等待揭晓中奖号码。

一元夺宝的发展现状

根据苹果应用商店（App Store）数据分析平台 ASO100 的数据，如果以"1 元夺宝"为关键词对 App 进行搜索，到 2016 年 7 月 7 日，显示的结果数约为 520 个。京东、美团也上线过类似服务。很多众筹网站中的一元档众筹也可以参与一次抽奖，这个游戏的性质与网络平台上的一元夺宝基本相同（图 8-1）。

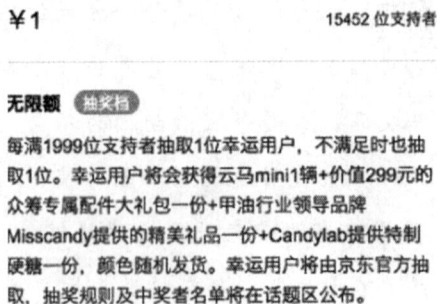

¥1　　　　　　　　　　　　15452 位支持者

无限额 抽奖档

每满1999位支持者抽取1位幸运用户，不满足时也抽取1位。幸运用户将会获得云马mini1辆+价值299元的众筹专属配件大礼包一份+甲油行业领导品牌Misscandy提供的精美礼品一份+Candylab提供特制硬糖一份，颜色随机发货。幸运用户将由京东官方抽取，抽奖规则及中奖者名单将在话题区公布。

图 8-1　众筹网站一元档

一元夺宝这一形式的开始时间，只能依据几个大型一元夺宝网站的建立时间来进行估计。假设为了开拓市场，网站建成后立即注册各个推广平台的账号，那么，按照各大网站注册微博账号的时间来进行推断，2014 年 1 月 16 日，云购网的官微最早进驻新浪微博。据此可推断，一元夺宝行业大致始于 2014 年年初。到目前为止，各网站的一元夺宝在规则、参与人数和收益量上都在不断发展。

网站承诺——"开奖透明，确保公平、公正"

为了保证结果的公平性，一元夺宝的开奖规则公开透明。以网易一元夺宝网站[①]

[①]　网易已于 2017 年 3 月关停了一元夺宝业务。

为例，幸运号码的计算公式中加入了类似于"老时时彩"（中国福利彩票中心发行的一种彩票）的第三方数据作为公正数据源，保证开奖结果的随机性和绝对公正性。此外，该开奖流程已获公证处的公证，诚信可靠。

利用这种方法，幸运号码＝（最后 50 个参与时间求和＋最近一期"老时时彩"开奖结果）÷奖品总需人次（取余数）＋原始数字（10000001）。具体来说，奖品的最后一个号码分配完毕后，一元夺宝平台会公示在该分配时间点前本站全部奖品的最后 50 个参与时间，系统将这 50 个时间的数值进行求和，得出数值 A（每个时间按时、分、秒、毫秒的顺序组合，如 20：15：25.362 则为 201525362）。为保证公平、公正、公开，系统还会等待一小段时间，取最近一期中国福利彩票"老时时彩"的开奖结果，得出数值B。数值 A 和数值 B 的和除以该奖品总需人次，得到余数（在整数的除法中，只有能整除与不能整除两种情况，当不能整除时就产生余数）。此外，该公式中的原始数字固定为 10000001，最后求余结果需要加上原始数字才能得出最终的幸运号码，如 7÷3＝2……1，余数为 1，1 加上原始数字（10000001），最终幸运号码为 10000002，持有该号码的用户可以获得该奖品。

当最后一个号码的认购时间距离"老时时彩"最近一期的开奖时间大于 24 小时，系统将默认"老时时彩"的开奖结果为 00000；如遇福彩中心通信故障，无法获取"老时时彩"的开奖结果，最后一个号码的分配时间距离故障时间大于 24 小时，亦默认"老时时彩"的开奖结果为 00000。为了保证一元夺宝过程的公平性，一元夺宝网站向用户公开所有相关数据，用户可以随时查看每个奖品的参与人数、参与名单及中奖信息等记录。

一元夺宝的收益量

夺宝平台的盈利方式非常简单，就是赚取差价。用户若要参与抽奖，需要至少花费 1 元购买"幸运号"，1 元可以买一个号。商品也根据各自的价值设定了总需为多少个号，然后抽取一名幸运者获得该商品。在这些夺宝平台中，大多数商品的总需比市场价高出不少。2016 年 7 月 7 日，《北京商报》记者查询的各平台价格显示，一款 64 G 的苹果 iPhone 6s 手机在一元夺宝平台上的价格为 6488 元，苹果官网的售价为 6088 元，京东商城最贵的一款为 5699 元。要想在这么多个号码里中奖，概率是非常小的。因此，花钱越多，概率就越大，夺宝平台也"贴心"地设置了不限额购买。

《北京商报》记者 7 月 10 日在一元夺宝平台看到，一款西门子多门冰箱总需为 11990 人次，即 11990 元，而苏宁易购平台标价为 10499 元，差价 14.2%。另一款西门子滚筒洗衣机的夺宝平台价为 4999 元，比苏宁易购平台的 3656 元高出 36.7%。

对一元夺宝的质疑

这样的夺宝类 App 是否合法？对此，重庆市消费者权益保护委员会特邀监督员曾杰认为，夺宝类 App 打了法律擦边球，本质是"射幸合同"。射幸，即侥幸，意为碰运气。"用户花几元钱去博取更多的物品，这样的行为具有机会性和偶然性，类似于购买彩票。"而浙江大学法学院互联网刑事法律研究中心主任高艳东则认为一元夺宝和普通赌博有区别，普通赌博直接赌钱，而一元夺宝则赌商品和财物，这种射幸行为涉嫌赌博罪。

一元夺宝是否存在暗箱操作？有的参与者发现，在一元夺宝中有些人会频繁中奖，或者中奖者的名字看起来比较奇怪，如特别长的数字，还有很多时候参与者往往在参与初期容易中奖，但即使后面投入越来越多，真正能中奖的却越来越少。这些现象都让参与者怀疑，一元夺宝平台是不是在后台对中奖结果进行了操作。真实情况如何呢？在央视记者的调查中，一元夺宝平台搭建者表示："整个商场都是你的，后台都由你控制，人流量、粉丝、指定中奖等都可以控制。"商家可在后台添加虚拟机器人参与开奖过程，通过人为操纵，让这些机器人中奖。我们一起来看一下操纵过程：进入后台，点开奖品对应的"编辑"，有一个"开启机器人"选项，选中，之后多出一个选项"机器人必中"，将这个选项勾选。这就意味着这次开奖的中奖人一定会是这个虚拟的机器人，真实买家不可能中奖。这无疑损害了真实参与者的利益。

一元夺宝的危害

有的一元夺宝网站把这一玩法定义为"众筹"。确实，花大家的钱买同一件商品，而商品的归属权通过一种看起来很公平的方式选出。但与常人所知的"投入就有明确回报"的众筹模式不同，一元夺宝的投入并不一定能换回产品。花钱买概率，这怎么看都更像赌博，而非众筹。大概多数玩家被吸引进这个游戏的原因都是一样的：我可能会用低于市场价的价格买到想要的商品。这个游戏的门槛又很低，一元钱就可能得到价值好几千的手机、家电，甚至价值几十万的汽车。

而实际结果如何呢？通过一元夺宝参与者的留言可以看出，一元夺宝并不会轻易地让参与者如愿以偿。在某一元夺宝平台上，一位用户在晒单时这样写："一直冲着苹果手机去的，一开始下手就是几十、上百的，3 天后没有任何结果，狠下心来花了 1800 元一次下注，终于在投入 10800 元时得到了一部 iPhone 6s，在投入 19100 元时中了第二台……"还有网友抱怨花了 2 万多元却什么都没中，并质疑"那些中了的都是托儿吧！"不少网友纷纷跟帖，同样表示怀疑。

有记者采访了一位中奖者——网友王女士。"我 2 个月一共投了 1 万多。除了中了一部 iPhone 6 Plus，还中了 30 元的 Q 币、50 元的话费、定时煮蛋器等 19 件小额的奖品。还是太坑人了。一部手机我就花了 9000 多元，还不如自己买。"如今，王女士已卸载了夺宝 App。

央视记者调查了某一元夺宝网站的用户大学生小马。20 岁的小马是一名大三学生。2016 年 5 月，朋友向小马推荐了某一元夺宝网站。该网站声称可以帮人们实现梦想。看到网站的宣传之后，小马立刻决定试一试。这个网站果真没有让小马失望。一天晚上，小马试着一次充了 20 元，连日来中奖的期待真的变成了现实，他中了一部手机。小马的第一想法是把它换成钱，就拿着手机去当地的手机一条街换了 5900 元。花了 20 元，得到价值 6000 多元的手机，再卖掉换成了 5900 元现金，小马觉得这钱来得容易。于是，他又把这 5900 元全部在该网站购买了充值币，用于再次购买其他商品。然而，幸运之神从此之后再也没有眷顾小马。5900 元全部投入之后，小马一无所获。小马说："当时我已经失去了理智，就想着回本儿，以一种回本儿的心态，我就一直疯狂地不断往里投钱。"他先后将自己兼职挣的两三万元都投了进去。血本无归之后，小马想到了一条危险的筹款途径。他通过设在学校内的多家学生贷款网站代理点，获得了一定的额度，开始取现。短短两个月，小马就向该网站投入了 10 万元。除了那部价值 6000 多元的手机之外，他只中过 20 元到 200 元的手机充值卡。10 万元打了水漂，这里面还有 8 万元是利息比较高的"校园贷"。直到这个时候小马才意识到，一元夺宝看起来是一个非常诱人的"馅饼"，实际上是一个深不可测的"陷阱"，人一旦掉进了陷阱，就会越陷越深，最终难以自拔。

💡 教学目标

　　本案例通过讲述一元夺宝这种新兴的网络抽奖形式的发展过程，以及因参与一元夺宝花光所有积蓄甚至负债累累的具体实例，说明人在面对抽奖这种小概率事件时往往会忽视概率而关注结果，进而沉溺其中无法自拔，甚至付出惨重的经济代价。这与理性人假设的人能够充分计算概率与收益、选择效用最大化的选项这一观点相矛盾。

👥 教学对象

　　本科生、研究生。

👤 课堂讨论

　　1. 对一元夺宝的介绍说它是一种借助互联网进行的众筹行为，这一说法是否正确？

　　2. 一元夺宝的中奖概率仅为千分之一、万分之一甚至几十万分之一，为什么仍有众多参与者？

　　3. 为什么有些参与一元夺宝却没有中奖的人会选择继续投入直至花光所有积蓄，甚至负债累累？

👥 教学计划

　　案例讨论前，需要让学生预习特沃斯基和卡尼曼提出的代表性启发式及其表现形式。扩展阅读"Self-Signaling and Diagnostic Utility in Everyday Decision Making"（Bodner & Prelec，2003a）。

　　课堂讨论时，可让学生复述该案例，并讨论自己或周围人是否参与过类似的夺宝活动以及最终结果如何。

　　案例分析时，重点引导学生分析一元夺宝的本质是一个小概率、大结果的事件，

66

人们的注意会被结果吸引而忽视概率。对于没有中奖就不断投入的人而言，他们在认知上存在偏差，认为总会有获胜的那一次。

案例讨论结束时，教师首先总结代表性启发式的特点，然后引导学生进一步讨论沉溺于这类小概率事件是否可以结合效用理论来加以解释。若学生无法明确回答，则可引入博德纳和普雷莱克（Bodner & Prelec，2003b）的研究来进行举例，进而引出诊断效用这一概念，引导学生反思标准化经济决策模型所提出的单纯满足期望效用最大化这一观点的不足。

🕐 课堂时间计划

学生复述案例内容。	5 分钟
讨论 1：对一元夺宝的介绍说它是一种借助互联网进行的众筹行为，这一说法是否正确？	20 分钟
讨论 2：一元夺宝的中奖概率仅为千分之一、万分之一甚至几十万分之一，为什么仍有众多参与者？	20 分钟
讨论 3：为什么有些参与一元夺宝却没有中奖的人会选择继续投入直至花光所有积蓄，甚至负债累累？	20 分钟
教师总结代表性启发式的特点，引导学生思考赌徒谬误和诊断效用，反思期望效用理论的不足。	25 分钟

📖 问题分析

1. 对一元夺宝的介绍说它是一种借助互联网进行的众筹行为，这一说法是否正确？

众筹是一种大众通过互联网进行联系并汇集资金，支持由其他组织和个人发起的活动的集体行动。众筹的规则之一是对支持者的所有支持一定要设有相应的回报。按照这个标准，一元夺宝只是一个概率事件，参与者并不一定能得到相应的回报，其性质类似于购买彩票。

2. 一元夺宝的中奖概率仅为千分之一、万分之一甚至几十万分之一，为什么仍有众多参与者？

一元夺宝的奖品往往是价格较高、很受追捧的产品，如名牌手机、电脑或者汽车。这类产品对广大受众有着很强的吸引力，因为其价格高昂，并不是所有人凭借自己的经济实力能够购买或轻易购买的。一元夺宝正是利用了大众对奖品的渴望，在其宣传中仅强调成本为一元就有机会得大奖，将大家的注意力吸引到奖品上。心理学的研究发现，注意具有选择性，当人将注意集中到具有吸引力的信息上时，就会忽略其他信息。一元夺宝正是利用了这一原理，让大众关注奖品而忽略获奖的概率和前期投入。

3. 为什么有些参与一元夺宝却没有中奖的人会选择继续投入直至花光所有积蓄，甚至负债累累？

卡尼曼提出的代表性启发式有一个现象，就是人在判断中对偶然性存在误解，体现在赌徒身上，就是对既定概率事件，赌徒会认为过去的事件的结果会影响将来的事件的结果，也就是说，这些没有中奖的人会认为只要自己继续投入，前面没中的次数越多，后面越有可能中奖。实际上，当夺宝平台以非常公平的规则来运行的话，参与者获得某件商品的价格期望是趋近于夺宝平台指定的商品高价的，只有少数人能偶然获得奖品。

🔧 **后继应用**

一元夺宝因其门槛低、奖品具有吸引力而吸引了众多参与者，其带来的严重后果是有的参与者在夺宝中出现了类似赌徒成瘾的行为，持续投入导致最终债台高筑，后果无法挽回，对个人、家庭和社会都产生了消极的影响。如何减少或消除这类成瘾行为则是更具现实意义的问题。可让学生讨论，除了赌博或购买彩票成瘾这类消极的成瘾行为，有没有积极的成瘾行为，以及能否用效用理论来解释这类成瘾行为，以引出诊断效用的概念。为防止学生讨论过于分散，可根据"Self-Signaling and Diagnostic Utility in Everyday Decision Making"（Bodner & Prelec, 2003a）这篇文献来展开。

参考资料

孟韬，张黎明，董大海. 众筹的发展及其商业模式研究. 管理现代化，2014(2).

尼克·威尔金森. 行为经济学. 贺京同，那艺，等，译. 北京：中国人民大学出版社，2012.

斯科特·普劳斯. 决策与判断. 施俊琦，王星，译. 北京：人民邮电出版社，2006.

俞文钊. 当代经济心理学. 上海：上海教育出版社，2004.

Bodner，R.，& Prelec，D. Self-Signaling and Diagnostic Utility in Everyday Decision Making. In Brocas，I.，& Carrillo，J. D. （Eds.），*The Psychology of Economics Decisions*（Vol. I：Rationality and Well-Being）. Oxford：Oxford University Press，2003a.

Bodner，R.，& Prelec，D. The Diagnostic Value of Actions in a Self-Signaling Model. In Brocas，I.，& Carillo，J. D. （Eds.），*The Psychology of Economics* （Vol. I：Rationality and Well-Being）. Oxford：Oxford University Press，2003b.

9. 证实偏差

股民的迷信行为

于泳红

摘要

2015 年中国股市经历了大起大落。面对变幻莫测的股市行情，各种猜想与解释频频出现，其中广为流传的就是将同时期播放的热门影视剧与股市变化联系在一起。在内地，股民们将 A 股骤跌归因于大热的电视剧《花千骨》，取其谐音"滑千股"，将对未来股市的不乐观态度归因于即将播放的《云中歌》（云中割）和《碟中谍5》（跌中跌）。与内地股民的这种表现相比，香港地区的股民在 20 世纪就开始用影视剧来解释股市涨跌，最为典型的就是"丁蟹效应"。这个效应以郑少秋主演的《大时代》中的丁蟹命名，后来泛指只要郑少秋参演的影视作品播放，便会引发股市的下跌。除了这种集体的股民迷信，个别股民的迷信行为更加疯狂。例如，股民徐某将其所有退休金投入股市，因股市下跌，徐某损失惨重，此时他想到的原因是自己以前的同事也是邻居的老王经常穿绿衣服出现在自己面前，所以去找老王理论并发生肢体冲突而报警。

关键词

证实偏差、股市涨跌、影视剧、相关关系、因果关系

资料一　股市涨跌背后都有着让人难以忘怀的经典影视剧？

2015 年，中国股市经历了暴涨与狂跌的冰火两重天。面对变幻莫测的股市行情，股民们将股市涨跌归因于同时期正在播放的影视剧。例如，当年 9 月玄幻古装剧《花千

70

骨》结束后同台播放电视剧《云中歌》，股民们在网络上吐槽，"先是'滑千股'，然后是'云中割'，已然到了电视剧做空 A 股的时代"。

中国股民对影视剧的名字极为敏感，与《花千骨》的热播相伴的是 A 股市场的暴跌。从同时期股市的相关数据来看，确实如此。2015 年 6 月 9 日电视剧《花千骨》首播，此后中国股市就一路向下。2015 年 8 月 24 日，这部电视剧从 50 集变成 58 集，中国股市就强烈震荡，从其开播时的 5000 多点跌到 2800 多点。2 个多月，A 股市值蒸发 30 万亿。2015 年 9 月 7 日《花千骨》大结局，中国股市千股齐涨。大结局的次日，A 股更逆袭大涨。

如果你认为"滑千股"播完 A 股可以停止下跌，那就大错特错了。脑洞大开的股民认为这事儿还没完，因为接下来即将播出的新剧叫《云中歌》（云中割）。这还不够，某卫视还在筹备最新一季的《我是歌手》（我是割手）。另外，电影《碟中谍 5》（跌中跌）也开始上映了……

并非只有内地股民会将影视剧与股市涨跌联系在一起。其实，香港地区的股民早已出现类似的行为，最典型的就是"丁蟹效应"，也称"秋官效应"。从郑少秋于 1992 年在《大时代》中饰演丁蟹开始，凡是郑少秋参演的影视剧播出，香港恒生指数或 A 股均有不同程度的下跌，股民损失惨重。据不完全统计，郑少秋参演的影视剧播出后，股市有明显下挫记录的达到了 32 次。最厉害的一次是 1997 年，《江湖奇侠传》一经播出，恒生指数跌破 10000 点。更巧的是，1998 年的亚洲金融风暴及 2000 年的科网股泡沫爆破之时，郑少秋都有影视剧上演，"丁蟹效应"之说因此不胫而走。

里昂证券①曾对郑少秋参演的 10 部剧作进行了分析，发现在绝大多数情况下，随着郑少秋参演的影视剧的播放，恒生指数都有不同程度的下跌，具体数据见表 9-1。

表 9-1　里昂证券"丁蟹效应"数据分析

序号	剧名	播出时间	恒生指数平均跌幅（%）
1	《大时代》	1992 年 11 月—12 月	12.7
2	《笑看风云》	1994 年 10 月—12 月	13.8
3	《香帅传奇》	1995 年 5 月—6 月	−11.9

---

① 里昂证券已于 2012 年 7 月被中信证券收购。

续表

序号	剧名	播出时间	恒生指数平均跌幅(%)
4	《男人四十一头家》	1995 年 6 月	3.8
5	《天地男儿》	1996 年 2 月—5 月	6.5
6	《江湖奇侠传》	1997 年 12 月—1998 年 2 月	1.4
7	《神剑万里追》	1999 年 7 月—8 月	6.5
8	《世纪之战》	2000 年 9 月—11 月	8.3
9	《非常外父》	2003 年 10 月	−3.9
10	《血荐轩辕》	2004 年 3 月—4 月	8.8

近几年播放的郑少秋参演的影视剧也同样带来了股市的变化。

2010 年 10 月 25 日，《书剑恩仇录》在亚洲电视本港台和亚洲高清台首播，恒生指数结束持续 2 个月的升势于 2010 年 10 月 27 日跌 436 点(1.85%)，为 4 个月以来最大的单日跌幅。其后 2010 年 11 月 12 日至 17 日，一共跌近 1300 点。

2012 年 5 月 5 日、6 日，电视剧《心战》热播，结果截至 2012 年 5 月 10 日，恒生指数连跌 4 天，累计跌幅近 4%。

2013 年 4 月 4 日，郑少秋新作电影《忠烈杨家将》上映，4 月 5 日恒生指数暴跌 2.73%，创 8 个月来最大跌幅。

2015 年 4 月 20 日，TVB 重播《大时代》，2015 年 4 月 20 日 A 股暴跌近 4%，收盘仍跌 1.64%，创 3 个月以来最大跌幅。

资料二　老大爷炒股亏钱怨邻居穿绿衣服，上门大骂惊动警方

年近七旬的徐大爷是个老股民，退休后就用退休金在家炒股，同时他也是一个非常迷信的人。自从炒股以来，因为"红涨绿降"，徐大爷每天都穿红色的衣服，家里的窗帘也从绿色换成了大红色；因为"牛涨熊跌"，以前不怎么吃牛肉的徐大爷天天早上都要去吃碗牛肉面，连他的小孙子也被要求不准和姓熊的同学玩。

最近一段时间股市持续震荡，大多数人都亏得血本无归，徐大爷也在这场金融风暴中亏了不少钱。一天下午，徐大爷刚给股票补了仓，邻居老王来找他下棋。这两位

老兄弟以前是一个单位的，平日关系十分要好。两人一边下棋一边闲聊，聊着聊着就说到了股票，老王好心地劝道："老徐啊，我儿子最近炒股也亏了不少，听说还要跌，你也别买了，少亏当赚。"听到这话，徐大爷顿时火冒三丈，他没好气地说："你儿子亏不代表我也要亏，你少在这里乌鸦嘴！"老王见徐大爷说话这么难听，也很生气地说："我好心劝你，你不听就算了，小心把棺材本都亏掉！"徐大爷顿时气得把棋盘都掀翻了。盛怒之余，他还发现老王穿了一件绿色的衬衫，更是气不打一处来，他觉得老王今天是故意要来触自己霉头的，连推带拉地把老王轰出了大门，曾经的好同事、好邻居就这么撕破了脸。

几日后，股市重挫下行，徐大爷投入的六七万元老本儿都快亏完了，他心疼得直捶胸口。回到家后，徐大爷吃不下饭、睡不着觉。沮丧之余，他想到前几天跟老王吵的那一架，觉得是老王的"乌鸦嘴"让自己倒了大霉，所以现在自己亏了钱，说不定老王在看自己的笑话呢。徐大爷越想越气，一整晚都睡不着。第二天一大早，他就冲到老王家，边踹门边大骂道："你这个乌鸦嘴，让我倒了大霉，你就是嫉妒我炒股赚钱！"老王和儿子打开门，问徐大爷怎么回事，徐大爷一直喋喋不休地骂着，还把茶几上的东西都推到了地上。老王见状也生气地说："早劝你不听，现在还赖到我头上了，简直是炒股炒成了神经病！"徐大爷见老王还敢骂自己，上前就要和老王扭打，老王的儿子急忙分开两人，并向派出所报了警。

教学目标

本案例通过描述股民将股市涨跌与影视剧，将个人亏损与他人行为建立联系，来说明投资者在相关或因果关系的判断中存在着认知偏差。通过对股民迷信行为进行分析，帮助学生认识到人们在多数情况下是基于事先已经确立的关系做出相关判断的，但在有些情况下，这些先前的关系并不足以让决策者做出正确判断，而这种可能性往往被人们忽略。

教学对象

本科生、研究生。

73

课堂讨论

1. 案例呈现了哪些具体的股民迷信行为？除了案例中的迷信行为之外，股民还有哪些类似的表现？

2. 结合社会心理学中的人类对相关事件的认知规律来解释为什么这种迷信行为会在股民中流行起来。

3. 股民的这种迷信行为有何消极作用，如何消除股民的这种认知偏差？

教学计划

案例讨论前，让学生提前预习戴维·迈尔斯（David Myers）（2006）所著的《社会心理学（第8版）》的第3章"社会信念与判断"，了解在社会判断中人类存在的知觉偏差，并思考如何解释案例中的现象。

课堂讨论时，可先让学生总结案例中的股民的典型行为，并提问学生是否认为这些行为是迷信行为。若有学生存在不同认识，则可按"是""否"将学生分组，让其展开辩论。教师通过板书整理出辩论正、反双方的理由。

辩论结束时，教师对正、反双方的理由加以评析。此时的重点是让学生能够注意到在事件的相关关系判断中要做协相关测量（covariation assessment）。认为本案例中的股民行为是迷信行为的原因就在于人类往往依赖于两个事件同时发生的概率直接做出判断，而忽视对比其他方面的信息。

在澄清学生对本案例中的股民迷信行为的认识之后，教师要引导学生展开讨论，讨论在社会认知中还有哪些原因导致人类无法做出准确的相关判断，以及相关关系和因果关系是否等同。在此基础上，让学生提出避免出现类似偏差的建议。

最后，教师总结股民表现出典型迷信行为的原因，即人类在做因果关系判断时由于受代表性直觉的影响，往往会做出错误的因果判断。

⏱ 课堂时间计划

学生复述案例内容。	5 分钟
讨论1：案例呈现了哪些具体的股民迷信行为？除了案例中的迷信行为之外，股民还有哪些类似的表现？	15 分钟
讨论2：结合社会心理学中的人类对相关事件的认知规律来解释为什么这种迷信行为会在股民中流行起来。	20 分钟
讨论3：股民的这种迷信行为有何消极作用，如何消除股民的这种认知偏差？	20 分钟
教师引导学生思考，除了认知偏差，是否还有其他心理学观点可以解释股民的迷信行为。	15 分钟
教师总结股民表现出典型迷信行为的原因。	15 分钟

❓ 问题分析

1. 案例呈现了哪些具体的股民迷信行为？ 除了案例中的迷信行为之外，股民还有哪些类似的表现？

本案例包括两份资料，两者描述的股民行为不尽相同。资料一描述了集体股民表现出来的不合理信念，即影视剧会影响股市涨跌；资料二则是个体股民的极端行为，将自己的亏损迁怒于邻居所穿衣服的颜色，进而引发暴力行为，这是一个特例。

股民将股市的涨跌归因于某个不相关的人或事上的不合理信念和行为屡见不鲜。例如，认为电视剧《盗墓笔记》中出现的将牛头交给国家的情节导致牛市结束，通过控制环境中的颜色来避免股市下跌，等等。

2. 结合社会心理学中的人类对相关事件的认知规律来解释为什么这种迷信行为会在股民中流行起来。

正确地判断两个事件之间是否存在相关关系需要明确四种信息。对股市与影视剧而言，就需要考虑影视剧播放与不播放和股市涨或跌之间的四种关系：播放影视剧期间股市的涨或跌，不播放影视剧时股市的涨或跌。对影视剧来说，其播放都有确切的时间，因此可以收集股市的相关数据来加以检验；而对个人行为来说，如邻居是否穿绿色衣服，这样的数据是很难获得的。

大量的社会认知研究发现（Arkes & Harkness，1983；Beyth-Marom，1982；Shaklee & Mims，1982；Shaklee & Tucker，1980），个体在判断两个事件的共存关系时往往依赖于两个事件同时发生的概率，只注意证实的信息。还有，人类在做判断时常常将相关关系和因果关系等同起来，而事实上有因果关系的事件也不能保证两者一定存在很强的相关关系。

这种不合理的信念和判断在股民中的流行是因为人们倾向于将模棱两可的时间序列知觉为更加有结构的事件，倾向于用过去行为的经验来预测将来事件的发生规律，这样就容易高估两个独立事件之间的联系。

3. 股民的这种迷信行为有何消极作用，如何消除股民的这种认知偏差？

迷信行为基于不合理信念，将导致股民把股市涨跌这种随机事件归因到不相关的其他事件上，进而不能理性、客观地看待自己的投资结果，更有甚者会出现打击报复等极端行为。

股民可以通过两条途径来减少上述认知偏差：其一，提醒自己做判断时不能仅仅局限于已经被确认的关系，没有出现的事实也要加以考虑；其二，在做判断之前，要问自己将要做出的判断是基于观察的还是基于期望的，前者容易导致低估相关关系，后者容易导致高估相关关系。

🔧 后继应用

让学生思考并讨论除了人类判断中的证实倾向这种认知偏差之外，还有没有其他社会心理学观点，可以对像"丁蟹效应"这样持续时间比较长的股市现象加以解释，并让学生列举其他股市迷信现象并加以分析和讨论，增强学生理论联系实际的能力。

参考资料

布伦诺·S. 弗雷，阿洛伊斯·斯塔特勒. 经济学和心理学. 单爽爽，张之峰，王淑玲，等，译. 北京：中国人民大学出版社，2014.

戴维·迈尔斯. 社会心理学（第8版）. 张智勇，乐国安，侯玉波，等，译. 北京：人民邮电出版社，2006.

乔纳森·迈尔斯. 股市心理学（第二版）. 虞海侠，译. 北京：中信出版社，2010.

斯科特·普劳斯. 决策与判断. 施俊琦，王星，译. 北京：人民邮电出版社，2006.

Arkes，H. R.，& Harkness，A. R. Estimates of Contingency between Two Dichotomous Variables. *Journal of Experimental Psychology：General*，1983，112(1).

Beyth-Marom，M. Perception of Correlation Rexamined. *Memory & Cognition*，1982，10(6).

Shaklee，H.，& Mims，M. Sources of Error in Judging Event Covariations：Effects of Memory Demands. *Journal of Experimental Psychology：Learning, Memory, and Cognition*，1982，8(3).

Shaklee，H.，& Tucker，D. A Rule Analysis of Judgments of Covariation between Events. *Memory & Cognition*，1980，8(5).

10. 自我控制
一个普通炒股者的日记

于泳红

摘要

20世纪20年代，美国股市蓬勃发展。炒股作为一种新兴和时髦的投资方式，在社会上得到推崇。在投资少、回报高的吸引下，家庭主妇杰森太太也加入了炒股大军。她拿出家里的所有积蓄用于购买股票，虽然收益颇丰，但她在欣喜的同时仍耿耿于怀自己的回报不是最高的。她收集专家和报纸上的观点，乐观地相信美国的经济会持续繁荣，股市永远不会崩盘。她让丈夫辞掉工作，还尽可能满足孩子提出的奢侈要求。当她的丈夫提醒她股市存在风险时，她拿出报纸与丈夫争辩，并认为对方没有自己有远见。当股市开始下跌时，杰森太太起初不以为然，随着股市的持续下跌，她逐渐由乐观转为焦虑和无助。最后面对股市巨大的跌幅和投资失败者的自杀时，她才切实感受到了股市的风险以及股民的理性和自我控制的重要性。

关键词

自我控制、股市、乐观、失去控制

8月15日　晴　大涨

我真是欣喜若狂，每天差不多都会在梦中笑醒。因为当初我不顾杰森的反对把家里所有的钱都买了股票，现在我的钱每天都在增加，最初的1000美元到现在已经变成了5000美元。我觉得自己真是很有理财和投资的天赋，我的邻居艾迪也一直称赞我是理财高手。说出来可能很多人都不相信，我买的每一只股票都在暴涨，每天我的工作就是看股市的行情，计算一下我的股票又涨了多少钱。对了，我买的其中一只股票已经涨了两倍还多。

我不忍心看着自己的丈夫每天辛苦忙碌地上班，小心翼翼地伺候上司，而每月的工资还没有我炒股挣得多，所以我决定劝说杰森辞职。杰森告诉我："现在股票市场非常好，大家都很乐观，投资者不停地加入，所以职业经理人的需求很大，像他这样的职业经理人不愁找不到工作。"我也曾想过，如果自己去做职业经理人，业绩肯定会特别好。看看银行账户上的数字，这些钱已经足够我们买一套小房子了。我的儿子小杰森曾经要求我给他买一部时髦的小汽车，这笔钱可以买好几辆了。我打算给他买现在最流行的斯图兹汽车，这样儿子开车出去聚会多气派。投资股票让我可以满足儿子最大的物质需要了。真开心啊！

但是，我不能一直沉醉在现在股市的回报里，因为我买的股票还不是涨幅最高的，我需要继续研究股市，让自己赚更多的钱。据我所知，大家对股市的看法是市场不可能到头，我也是这么想的。美国的经济越来越好，股市和国家的宏观经济一样，只可能涨，不可能跌。杰森担忧股市有一天会下跌，我觉得非常可笑，他就是太保守、太胆小。根据现在市场的表现，股市不可能下跌。如果股市一直涨下去，我们很快就会成为富翁了，全家人都不用出去工作。我只要专心地投资股票，就可以生活无忧。赚钱实在是太容易了！

9月3日　阴　涨

最近股市不像以前那样疯涨了，甚至有时会下跌，不过跌幅很小。杰森又开始担心了，他总是劝我不要再炒股了。我觉得他有点儿杞人忧天，股票有涨有跌很正常，不是吗？比如，今天的道琼斯指数已经涨到了我所知道的最高点了。我的股票也还在涨，更何况国家的经济不可能就这么衰退下去，只要宏观经济不剧烈波动，股市就没大事儿。

今天听艾迪说她开始卖掉股票了。据她丈夫认识的在华尔街做投资顾问的朋友说，牛市快结束了，熊市要来了。我不太相信这个说法，也不知道这个顾问是否可靠。艾迪告诉我这个朋友在华尔街工作。我让杰森去打听这个人到底是什么人物，万一他的影响很大呢，可是杰森却告诉我：大家都没听说过这个人。哎，艾迪还是胆子小，一有风吹草动就害怕了，这种无名小卒的话她也相信。

9 月 5 日　晴　惨跌

今天我所有的股票都在下跌，最惨的一只股票跌了将近 10 美元。下午股市开始下跌时我也害怕了，特别是当艾迪慌慌张张地跑过来告诉我："跌、跌、大跌！"当我冲进交易大厅时，我发现大盘已经惨不忍睹，我咬紧嘴唇避免自己害怕地叫出声。再看看我自己的股票，每一只除了跌，还是跌。我简直不敢相信自己的眼睛，直直地盯着大盘，生怕看错了任何一个数字。今天我损失惨重，差不多损失了 300 美元。

我告诉杰森股市的变化，杰森的话让我更加恐惧。他说当天的成交量大得可怕，太多人在抛售股票。他认识的在银行工作的朋友已经跟着他的上司卖空了手中所有的银行股票。这意味着连银行的员工都不相信自己公司的股票了。据我所知，这个银行在业内基本上是业绩最好的，他们的股票怎么可能会跌呢。杰森告诉我，这些人认为股市要到头了，他们都开始做准备了。

我还是不相信股市到头了。我认为现在的下跌只是暂时的，长期来看股市不会大跌。我把今天的《华尔街日报》拿给杰森看，上面有不少华尔街的投资大腕都在说："股市发展趋势良好，美国的牛市将持续下去。"虽然他们也说因为有的公司的管理水平和业绩不同，股票可能会下跌，但是这些都不会影响美国整个股市的走势。

9 月 25 日　晴　跌

我已经手足无措了，我的股票一直在下跌，还好这些股票现在还略有盈余，但是我的钱已经减少了近五分之一。杰森坚持不下去了，他总是劝我尽快抛掉股票，我还是不肯，因为我觉得杰森就是保守、胆小，难道他没有看见华尔街大腕的说法？牛市会在秋天出现，我可不能就这么轻易地放弃赚钱的机会。不过说实话，我的心里也有些忐忑不安，觉得股市很难掌控，似乎哪里不对劲。杰森和我说外面很难找到工作了。

10 月 15 日　晴　跌

当我的股票不断地下跌时，我开始慌了。杰森和我吵架，要求我卖掉所有股票，并且恐吓我，如果不卖掉股票我们将一无所有。现在我的股票和刚买入时的价格持平。

而道琼斯指数已经降了差不多 100 点，股市每天都在下跌，很明显这是进入熊市的征兆。我用来还击杰森的证据就是《华尔街日报》。我对他大喊着："你看看，华尔街的大腕明明说还会涨！"不过在现实中我却没有勇气再去看大盘，而我家账户上的钱也在逐渐减少、消失。最后，我对杰森说："我会退出股市的，但是还请让我留一点钱在股市，好让我有事可做。"杰森卖掉了我们的绝大部分股票，我今晚肯定睡不着了。

10 月 24 日　晴　惨跌

杰森每天带来股市的消息，他说今天的股市已经跌得无法形容了。刚开盘时有一段平静和坚挺，但是从 10 点开始，出现了大量的抛售。10 分钟之后，股票的交易速度超出想象，到处是"卖、卖、卖"和"跌、跌、跌"的喊声。股市已经失去控制，股票价格飞流直下，越来越多的人挤到交易窗口要求卖出股票。股民们开始恐慌。股票下跌就需要投资者追加保证金，如果不能追加保证金，就只能忍痛卖掉股票，结果又导致更多的抛售和下跌，就这样恶性循环。

杰森脸色苍白，我也吓得面无血色。我现在深切地体会到了股市的风险。杰森告诉我，在 11 点多的时候，他想挤进交易所卖掉我们剩下的股票，但是人实在太多了，交易所前挤满了观望的人，交易大厅里一片混乱，到处是尖叫声、哭喊声和绝望的人。就在他转身的时候，他看到有人从窗口飞下去，紧接着是人们的尖叫，而他只看到了一摊让他毛骨悚然的鲜血。

我那只曾经翻了两番的股票的价格是 18 美元，不到我买时的三分之一。据杰森说，今天一天股市的交易量已经达到了 1289 万股。我很难接受这样的天文数字。也就是在今天，我猛然发现股市居然和死亡有着密切的联系。

10 月 28 日　晴　惨跌

今天是"黑色星期一"，这是杰森告诉我的。在历经了 24 天的股市疯狂下跌以后，我对股市的下跌已经麻木了。可是当我进入交易所时，我仍然感觉非常震惊。卖单堆积如山，比所有交易员加起来还高。我知道所有的股票都在下跌，也就不敢再去看大屏幕上的道琼斯指数。周围到处都是绝望的哭喊声和惨叫声，以及疯狂的"卖、卖、卖"的吼叫声。我被眼前的一切吓坏了。自动报价机打印报价单的嗡嗡声使我就像在噩梦中一样，这一切都那么不真实。

我用尽全身力气挤出交易所，还没来得及擦一下脸上的泪水，就看到一个人从楼上摔下来，掉在我面前。我顿时眼前一黑，失去了知觉。后来杰森和我说，今天收盘时道琼斯指数是 260 点，股市在一天内就蒸发了百亿美元，而我们的股票也只剩下原来的十分之一了。

"黑色星期一"开启了美国经济大萧条的序幕。不知道有多少人在这次的股市崩盘中变得倾家荡产，甚至结束了自己的生命。接下来，华尔街谣言四起。星期二，股市依然持续下跌，股票交易所依旧乱成一团。此时，绝大多数股民的财产还不到今年年初的十分之一。

教学目标

本案例通过一位散户的切身经历，说明了投资者自我控制的重要性。通过讲述杰森太太在牛市与熊市时的情绪和行为，帮助学生理解投资者自我控制的内涵以及自我控制在认知和行为上的具体表现形式，进而引申出如何提高投资者的自我控制能力。

教学对象

本科生、研究生。

课堂讨论

1. 杰森太太的哪些想法和行为反映出她在股票投资中缺乏自我控制？

2. 案例给出的是 20 世纪散户股民的表现，现在股市中的投资者还会出现这样的现象吗，为什么？

3. 像杰森太太这样的散户股民可以采取哪些具体措施来提高自我控制能力，避免在熊市中遭受不可挽回的损失？

教学计划

案例讨论前，需要让学生预习自我控制的相关理论和知识，包括塞勒的自我控制理论、投资者自我控制的认知偏差、自我控制的影响因素等，为课堂讨论打好基础。扩展阅读《1929 年大崩盘》(约翰·肯尼斯·加尔布雷思，2006)，或通过观看英国广播公司(BBC)的纪录片 *1929*: *The Great Crash* 了解案例资料的背景信息。

课堂讨论时，教师可适当介绍案例中的人物所处的 20 世纪 20 年代美国经济及股市的状况，然后让学生复述案例的基本内容，加深学生对案例的了解，并引出投资者自我控制的重要性。

对案例中的人物进行自我控制问题的分析时，重点要让学生对杰森太太的观念和行为表现进行分类，并将之与自我控制的认知偏差对应起来。教师可结合板书列出学生总结的类别，通过讨论进行进一步归类。也可采用分组讨论的形式，让不同组列出自己的总结，然后互相讨论。

案例讨论结束时，教师要加以总结，明确对自我控制偏差的具体分类，帮助学生澄清偏差类型，进而引出下一问题，即现在股市中的投资者是否也存在类似的偏差。关于这个问题，学生可能会出现对立的观点，这时可将学生再次分组，观点相同的组成一组，与观点不同的组展开辩论。教师可利用板书列出每一组的观点，最后将辩论的重点落到投资者自我控制的本质这一问题上。最后，让学生给出提高自我控制能力的策略。这部分的答案是开放性的。教师可根据控制环境和制定规则两条途径来引导学生给出具体的方案，并通过讨论达成共识。

🕐 课堂时间计划

案例背景资料介绍。	10 分钟
学生复述案例内容。	5 分钟
讨论 1：杰森太太的哪些想法和行为反映出她在股票投资中缺乏自我控制？	20 分钟
讨论 2：案例给出的是 20 世纪散户股民的表现，现在股市中的投资者还会出现这样的现象吗，为什么？	25 分钟
讨论 3：像杰森太太这样的散户股民可以采取哪些具体措施来提高自我控制能力，避免在熊市中遭受不可挽回的损失？	15 分钟
教师总结，讲解自我控制的内涵及其表现。	15 分钟

⊙ 问题分析

1. 杰森太太的哪些想法和行为反映出她在股票投资中缺乏自我控制？

投资者自我控制的本质是控制自己的情绪、避免认知偏差、做出理性选择。基于此，投资者存在自我控制偏差的典型表现是盲目乐观、控制幻觉和失去控制。

①盲目乐观：杰森太太在最初投资成功时极度欣喜，相信"股市和国家的宏观经济一样，只可能涨，不可能跌"。

②控制幻觉：投资者认为一切都在自己的掌控之中。杰森太太起初一直认为自己是成功的投资者，若加以学习定能获得更高的回报，认为根据现在市场的表现，股市不可能下跌，认为"如果股市一直涨下去，我们很快就会成为富翁了，全家人都不用出去工作"。

③失去控制：投资者在面对失败的结果时体验到的无助感和无法采取恰当行为的表现。当熊市到来时，杰森太太反复拿出专家的观点和报纸来支持自己的选择；当股票继续下跌时，她则变得不知道要如何做了，没有勇气每天去盯着大屏幕；到最后，她面对股市的崩盘，除了哭泣，更是被跳楼的股民吓晕。

2. 案例给出的是 20 世纪散户股民的表现，现在股市中的投资者还会出现这样的现象吗，为什么？

塞勒提出，人在行动前会利用理性思维做好规划，然而当实际行动时，受到环境和情绪的影响，并不一定能够按照事先的规划去行事，因此需要自我控制。对股民来说，影响他们自我控制的因素包括情绪性影响、投资动机、投资者能力、资金规模和盈亏状况、对投资结果的评价方式等。这些因素在现在的投资者身上仍然存在，因此现在股市中的投资者依然面临自我控制问题。

3. 像杰森太太这样的散户股民可以采取哪些具体措施来提高自我控制能力，避免在熊市中遭受不可挽回的损失？

按照诺夫辛格的观点，提高自我控制能力的策略可以包括以下几个方面：控制自己的贪婪和恐惧，明确投资目标，制定量化投资标准，采取分散化策略，控制投资环境，制定有效的规则。具体的操作因人而异。

⚙ 后继应用

1. 让学生针对纪录片 *1929：The Great Grash* 中的亲历者的表现，讨论他们的哪些表现反映的是自我控制问题，并指出这些问题代表的自我控制偏差的类型。

2. 如果学生中有实际操作股票的人员，或者学生的亲友中有股民，可让他们谈谈盈亏状况并讨论下面的问题：在 2015 年上半年中国股市的巨大震荡中，当事人是否有着强烈的情绪体验？作为股民或观察身边的股民，是否有人表现出典型的自我控制偏差？结合本案例提出的提高自我控制能力的策略，谈谈如何在现实中提高自我控制能力。

参考资料

陆剑清. 现代投资心理学(第三版). 北京：首都经济贸易大学出版社，2016.

罗斯丹，许天厚. 百年股市涨跌录. 北京：人民邮电出版社，2009.

约翰·R. 诺夫辛格. 投资心理学(原书第 5 版). 郑磊，译. 北京：机械工业出版社，2013.

约翰·肯尼斯·加尔布雷思. 1929 年大崩盘. 沈国华，译. 上海：上海财经大学出版社，2006.

11. 羊群效应

股市的暴涨与暴跌

于泳红　蔡思侬

摘要

经典经济学理论认为，在金融市场中投资者为理性人，市场能够反映标的的真实价值，并将市场泡沫视为异常现象。而在现实中完美市场并不存在，投资者在信息不对称的条件下只能分析出一个"投资者的共识"作为标的的真实价值。在真实价值被掩藏的前提下，市场中的投资者、投机者相互博弈，其最优的策略就是跟随其他决策者来行动。这样做会导致市场泡沫的出现。从 2015 年 6 月开始，在持续一年牛市的前提下，沪深股市大幅度下跌。在 2015 年 6 月 27 日中国人民银行(央行)发布利率、准备金率双降的特大利好，7 月 1 日—2 日政府不断发声唱多的情况下，市场依旧暴跌。这些现象都说明投资者并非理性地加工外部客观信息的，而是受其心理因素的影响，跟随大多数人的行为，最终导致股市的过度反应，形成暴涨或暴跌的结果。

关键词

羊群效应、市场泡沫、从众、信息不对称

背景描述

市场泡沫与从众

市场泡沫是与传统、标准金融理论不一致的异常现象。它虽然不符合经典理论，却真实存在。泡沫的产生和破灭让无数投机者趋之若鹜又避之不及。市场泡沫干扰了金融市场的正常运行，严重影响着金融市场的稳定。

"市场泡沫是异常的"这一定论源于经典经济学理论，在金融市场中的解释是投资者为理性人，市场能够反映标的的真实价值。然而这样的完美市场假设在现实中并不成立，投资者并不理性，市场也很难反映标的的真实价值。事实上，一个投资标的的真实价值往往是隐藏着的，无法被任何人发掘。这样的信息不对称使得投资者一开始就在用不完全的信息分析出一个"投资者的共识"作为标的的真实价值。这个共识使得标的的市场价值暂时稳定，然而它本身就未必与标的的真实价值相同。换言之，在现实市场中，一个稳定的市值也只是"虚假"的真实价值，最"理性"的投资者到最后也只是与市场达成共识，从而被市场影响。只要市场存在且信息不完全，投资者的非理性就永远存在，市场泡沫也因而永远可能出现。

在真实价值被掩藏的前提下，市场中的投资者、投机者相互博弈。每个人都置身市场，每个人都在影响着市场。一方面，在信息不充分和不确定的金融市场环境中，每个投资者都拥有对某种证券的私有信息，这些信息可能是投资者自己研究的结果，也可能是通过私下渠道获得的；另一方面，与该股票有关的信息已经完全被公开，但投资者不能确定这些信息的质量，同时金融市场是完全开放的，而且不断有信息流入市场，信息的变化速度快且不确定，虽然投资者无法直接获得别人的私有信息，但可以通过观察别人的交易情况来推测其私有信息，这样就容易产生从众行为。在信息环境不确定的情况下，投资者的行为受到其他投资者的影响。模仿他人决策或者过度依赖舆论(市场中的压倒多数的观念)，而不考虑自己的信息的行为被称为羊群效应。羊群效应作为市场泡沫的一个诱因，为市场可能发生的暴跌集聚风险，并在风险释放时起到助推的作用。

中国股市背景简述

作为新兴市场，中国股市目前十分不成熟，非理性行为在中国股市的体现普遍比在发达国家市场要明显。与普通股民相比，机构(券商、基金等)更加理性，但依然与发达国家市场有很大差距。2003—2011年，机构投资者的持股市值从1535亿元增长到109871亿元，占流通市值的比重从12％增长到68％。截至2015年5月，新募集基金超7000亿元。机构投资者已是我国市场最重要的参与者。除了在二级市场进行多头交易，目前机构还可以在期货、期权市场做空股指，在下跌中获得收益。期货市场做空股指能够导致现货市场，即沪深 300 等现货标的下跌。

中国股市涨跌分析

本次暴跌市场表现

截至 2015 年 7 月 1 日，中国股市持续 2014 年年底的牛市走势，上证指数 1 月至 6 月最大涨幅 59.72%，在 6 月 12 日达到最高点 5178.19 点，市场泡沫不断加大。然而在市场一片乐观时，从 6 月 13 日开始上证指数却急转直下，几乎没有反弹地从最高点下跌至最低点。2015 年 6 月 15 日至 6 月 29 日 10 个交易日内，上证指数跌去 21.55%，深证成指跌去 25.04%。暴跌引发了市场的恐慌：场外配资因主动规避风险或被动达到平仓线而被大笔卖出；基金赎回压力巨大，多只基金连续异常暴跌，基金被赎回导致的被迫减仓也推进了市场的下跌。一时间市场恐慌到极点，直到 2015 年 6 月 30 日早盘 11：00 前，成交量已经萎缩到极点，随后大盘开始反弹。然而反弹只持续了一天，2015 年 7 月 1 日至 7 月 2 日，在政府不断发声唱多的情况下，市场依旧暴跌，空头完胜。

暴跌背后的情绪反应

暴跌之前，市场开始出现一些消息，如清查场外配资等，加上大市值 IPO 国泰君安对市场资金的吸纳，似乎都预示着之后的暴跌。2015 年 6 月 27 日，央行发布利率、准备金率双降的特大利好，然而次周周一股市依然大跌，6 月 30 日止跌反弹后，各大基金经理在微博等社交媒体账号召股民入市抄底。

对此次暴跌，媒体的解读基本上聚焦在配资、融资被彻查以及配资的爆仓上。然而截至 2015 年 6 月 30 日，配资强制平仓金额约 130 亿元，与 8000 亿～10000 亿元的日交易额相比，并不足为道。配资爆仓对股市暴跌的影响十分有限。

值得注意的是，作为能够高杠杆操作的股市风向标，股指期货一直充当着空头最有力的工具。现货市场对股指期货不仅反应快速，而且具有持久性。即便以期指做空，也不可能有人以一己之力打压期指。2015 年 6 月 16 日交割后，IF1507 净仓位一直为负，且呈现空单增加并维持高位的态势（图 11-1、图 11-2）。

互联网对羊群效应的加速作用

本次暴跌之深之快，互联网的作用也不可忽视。随着社交网络的发展，微博、微

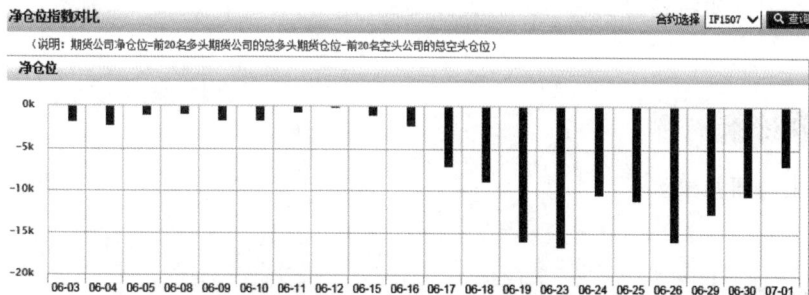

图 11-1　期指 IF1507 净仓位图

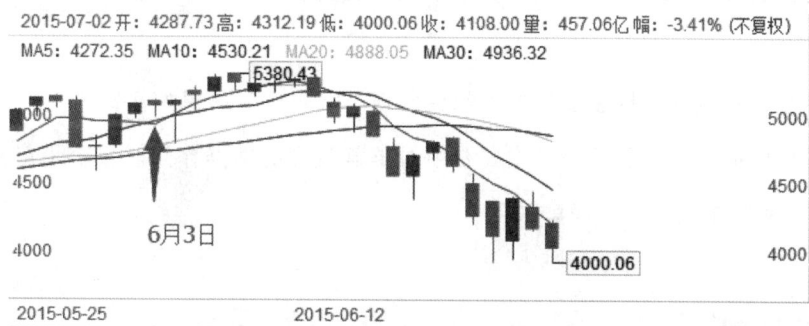

图 11-2　沪深 300(IF1507 对应现货)走势图

信、雪球网(投资者交流的社交网站)以及一直都存在的 QQ，都是助推市场恐慌情绪
(信息层叠从众)的加速器。许多民间自发炒股群、大 V 等发布的消息庞杂，不知真
假，有大量的"专家""消息人士"在其中指导操作，也有合作操盘股票的行为出现。在
暴跌当中，社交网络充斥着各类不同的言论。恐慌情绪一旦出现，就能通过炒股群、
大 V 或者仅仅是一名"小散"的一条消息急速地扩散出去。在市场暴跌的合力之中，社
交网络和互联网媒体也要承担一部分责任。暴跌后各路基金经理在其微博上进行唱多，
事实上也是希望利用互联网病毒式的传播效应，在一定程度上达到影响市场的目的，
以弥补自身因为暴跌而遭受的损失。

💡 教学目标

本案例通过对 2015 年 6 月—7 月中国股市暴跌的数据分析来说明，在信息不充分
的投资市场中，无论是机构投资者还是个体投资者，只能根据他人的行动来做决策，
表现出投资者集体的非理性行为，即羊群效应，其结果是市场泡沫的出现。该现象表

明，传统经济学对投资者的理性人假设并不充分。

教学对象

本科生、研究生。

课堂讨论

1. 为什么股市会出现羊群效应？请根据案例提供的信息来分析羊群效应的具体表现形式。

2. 中小投资者和机构投资者是否都会出现羊群效应，后果如何？

3. 本案例描述了互联网在本次暴跌中对羊群效应的助推作用。投资者应如何避免这种信息带来的影响，减少羊群效应？

教学计划

案例讨论前，让学生预习在金雪军和杨晓兰（2009）主编的《行为经济学》中有关羊群效应的内容，形成对羊群效应的初步认识。

课堂讨论时，教师可先介绍传统经济学对股票市场提出的相关理论或假设，如资本资产定价模型、有效市场假说。

案例分析时，可先安排有炒股经验的同学讲述与案例同时期的股市经历以及近期股市的表现，引出"为何股市会出现暴涨或暴跌"这一问题。教师注意引导学生关注案例提供的信息，让学生充分认识到股票市场存在信息不充分、投资者无法获得确定信息以及寻求心理安全的特点，进而得出投资者以模仿他人行为为最优策略，从而导致羊群效应。

案例讨论结束时，教师总结羊群效应的成因及表现形式，然后启发学生思考羊群效应的心理机制及其给股市带来的后果，并拓展学生思路，引导学生思考除了股市还有哪些经济领域存在羊群效应。

⏰ 课堂时间计划

学生复述案例内容。	5 分钟
讨论 1：为什么股市会出现羊群效应？请根据案例提供的信息来分析羊群效应的具体表现形式。	20 分钟
讨论 2：中小投资者和机构投资者是否都会出现羊群效应，后果如何？	15 分钟
讨论 3：本案例描述了互联网在本次暴跌中对羊群效应的助推作用。投资者应如何避免这种信息带来的影响，减少羊群效应？	15 分钟
教师总结羊群效应的成因及表现形式。	20 分钟
教师引导学生思考，除了股市还有哪些经济领域存在羊群效应。	15 分钟

❓ 问题分析

1. 为什么股市会出现羊群效应？ 请根据案例提供的信息来分析羊群效应的具体表现形式。

羊群效应源自参与者掌握的信息不完全，为达成各自的目标，其最优的决策就是跟随其他决策者，这样一来，最差也可以得到和其他决策者一样的结果。羊群效应的诱因主要有信息层叠从众、声望从众和报酬从众。这三个原因分别导致三种羊群效应。

①信息层叠从众：忽视个人信息而复制他人信息。

②声望从众：模仿行为源于同组部分人好行为声誉的外部性。

③报酬从众：采用与其他同类专业人士的业绩进行比较的方法，来确定投资管理者的报酬而产生的模仿行为。风险厌恶投资者观察基准投资者（两者均面临信息不对称），待基准投资者行动后再做选择。此时，风险厌恶投资者的最优投资组合就是接近基准投资者的投资组合。

在本次暴跌中，羊群效应主要体现了其中所包含的信息层叠从众和报酬从众，下面分述两种从众。

事实上，并没有明显的事件触发这轮大跌。中国证券监督管理委员会（证监会）查融资融券、场外配资是市场已经知道很久的事情了。大跌的导火索可以说是市场本身的暴跌。在连续四天成交量萎缩的情况下，首先下跌的是股指期货。在沪深300的期货上做空者可以以较小的资金带动很大的幅度。期货市场的下跌传导到现货市场，即沪深300指数时，大盘的下跌就开始了。期初人们还因为牛市的惯性思维并不觉得股市有大跌的可能，市场在一定范围内的波动都会因为人们高买低卖而回归，但当指数跌破某个技术上所说的心理防线后，投资者便开始怀疑自己掌握的信息的有效性：多数投资者对大盘正确估值的信息是严重不足的，仅有自己的一个心理预期或者说猜测，但市场的下跌所有人都看得到。这个时候，投资者甚至投资机构便放弃自己掌握的信息，轻易相信了场外配资的"踩踏"（事后发现金额并不大，即未在事实上产生如此严重的后果），开始简单地跟随。这时候的跟随难言理性，因为没有证据表明市场风格应当转向。之后，市场便加速下跌。信息层叠从众显然是这场非理性暴跌中的一个因素。

另一个体现羊群效应的方面与股指期货有关。市场中机构和部分基金有资格在期货市场下空单以对冲现货股票市场的风险。一般情况下，机构或基金以一定的配比配置期货空单，在下跌时抵消现货市场部分风险，然而在单边暴跌时，继续之前的配比就意味着一直亏损，这场暴跌的始作俑者——空头们——就会获得好的收益。许多机构和基金在现货市场的配置中有大量流动性差的小市值股，一时间难以止损。这些机构和基金注意到做空基金的优秀收益，便开始加大做空力度跟随，以求得至少与做空基金更相近的收益。这个动机则源于报酬从众的心理。做空的人越来越多，如果跟随做空，至少能够取得一样的收益，避免收益落后于其他的机构或基金。

2. 中小投资者和机构投资者是否都会出现羊群效应，后果如何？

中小投资者和机构投资者都会出现羊群效应，但是具体形式略有不同。中小投资者的羊群效应表现为中小投资者模仿机构投资者或者中小投资者模仿其他中小投资者，而机构投资者的羊群效应主要是基于报酬或声誉的经理人之间的博弈行为。中小投资者产生羊群效应的原因主要有信息不对称、缺乏自信心、博弈格局因素、投机因素。

无论是中小投资者出现的羊群效应，还是机构投资者出现的羊群效应，最终都会影响金融市场价格的基本稳定，导致市场对信息的反应过于敏感，加剧金融价格的不稳定性和脆弱性。

3. 本案例描述了互联网在本次暴跌中对羊群效应的助推作用。 投资者应如何避免这种信息带来的影响，减少羊群效应？

出现羊群效应的根本原因在于股市的信息不充分，而互联网信息传递速度快、传播范围广，还具有某种程度的不可控性。对投资者来说，这无疑增加了股市信息的复杂性，更容易导致羊群效应，所以有必要提高自我控制能力来减少不确定信息的干扰。第一，投资者要坚定价值投资理念，要根据客观、真实的企业信息选择股票，树立长期持有的观念，避免投机带来的心理波动；第二，调整投资策略，提高操作技巧，减少投资的盲目性，多获取有价值的信息（这部分可参考提高自我控制能力的策略）。

🔧 后继应用

除了股票市场，日常消费领域、房地产市场也存在着羊群效应。教师可引导学生列举并分析在这两个领域羊群效应的具体表现。下面以日常消费领域的羊群效应为例加以说明。

消费者基于从众而出现的羊群效应有以下特点：通常从少数人的模仿、追随开始，继而扩展成为多数人的共同行为，更多的消费者做出相同或相似的消费行为，从而形成规模更大的流行浪潮，可以说从众行为是消费流行的先导。例如，"果粉"对苹果手机的追捧，连夜排队购买。

从众行为往往是被动接受的过程。许多消费者为了寻求保护，避免因行为特殊而引发群体压力和心理不安，因而被迫选择从众。日常消费中的羊群效应的发生和发展受到个体及群体等多种因素的影响。而房地产市场中的羊群效应既有消费者从众行为的特点，又有投资市场从众行为的特点。

参考资料

金雪军，杨晓兰. 行为经济学. 北京：首都经济贸易大学出版社，2009.

陆剑清. 现代投资心理学（第三版）. 北京：首都经济贸易大学出版社，2016.

尼克·威尔金森. 行为经济学. 贺京同，那艺，等，译. 北京：中国人民大学出版社，2012.

斯科特·普劳斯. 决策与判断. 施俊琦，王星，译. 北京：人民邮电出版社，2006.

12. 消费者心理特征

汇源果汁的市场细分

汪 波

摘要

市场细分是 1956 年由美国市场营销学家温德尔·斯密首先提出的一个概念。它是指根据消费者的不同需求，把整体市场划分为不同消费者群的市场分割过程。每个消费者群便是一个细分市场，每个细分市场都是由需要与欲望相同的消费者群组成的。市场细分主要按照地理细分、人口细分和心理细分来划分目标市场，以达到企业的营销目标。本案例通过展现汇源果汁的市场细分策略，使学生深入理解依据消费者心理特征进行市场细分的重要作用。

关键词

消费者、汇源果汁、市场细分

从 20 世纪 90 年代初期开始，汇源集团就开始专注于开发果蔬汁饮料市场。当时国内已经有一些小型企业开始零星生产和销售果汁饮料，但依赖先进的生产设备和工艺，汇源集团是国内第一家大规模进入果汁饮料行业的企业。汇源果汁充分满足了人们当时对于营养和健康的需求。凭借其 100％纯果汁、专业化的大品牌战略和令人眼花缭乱的新产品，汇源只用了短短几年就跃升为中国饮料工业十强企业，其销售收入、市场占有率、利润率等均在同行业中名列前茅，从而成为果汁饮料市场当之无愧的领导者。其产品线也依据不同的水果种类进行细分，这种策略是汇源集团得以在果汁饮料市场竞争初期占据领导地位的关键因素。

1999 年，统一集团涉足橙汁产品后，一切就发生了变化。2001 年，统一仅"鲜橙多"一项产品的销售收入就近 10 亿元，在第四季度其销量已超过汇源果汁。统一集团的成功引发了其他国内企业纷纷进军饮料市场，导致竞争不断加剧。中华全国商业信息中心 2002 年第一季度的统计结果显示，汇源果汁的销量同样排在"鲜橙多"之后，除了西北区，华东、华南、华中等六大区都被"鲜橙多"和康师傅的"每日 C"抢得领先地位，可口可乐的"酷儿"也表现优异，显然这对汇源果汁的处境大大不利。汇源把这种失利归咎于"PET 包装线的缺失"和"广告投入不足"等因素，但针对这些因素而进行的策略调整并未扭转其面临的尴尬局面。

那么究竟是什么原因导致了汇源的尴尬局面呢？从营销心理学的角度看，汇源的失误在于市场细分不当。在市场的导入期，客户的需求较为简单、直接，市场细分一般是围绕着市场的地理或人口及经济因素来进行的，这种细分相对比较简单。例如，按照性别细分，只需分成两大类。又如，根据年龄细分，可以分为中老年人、青年人以及儿童等几个目标细分市场。这种细分的优点在于简单、易操作、费用低。但是需要注意的是，这种细分仅适用于市场推广初期。这也就是汇源在开始比较顺利的原因。然而，随着市场竞争的加剧，客户的需求也越来越多元化和复杂化，简单的市场细分并不能满足客户的需求。此时，就需要根据客户的心理特征进行市场细分。

例如，我们可以通过对市场的深度细分，找到"追求时尚"这一目标细分市场。但这个目标细分市场在哪里？它由哪些顾客组成？这些顾客是否有着共同的地理、人口及经济因素特征？企业应该采取什么样的方法与这个目标细分市场人群沟通？显然，这时的目标细分市场已经复杂化和抽象化了，企业对消费者的关注也已从外在因素进入心理层面因素了。同时，企业也无法用传统的方法去接近所选择的目标细分市场，这时，运用科学的市场研究方法来正确地细分市场就显得尤其重要。若这时仍然运用市场竞争初期的浅度市场细分方法甚或行业细分的方法对市场进行细分，则根本无法适应市场竞争的要求。

对市场进行基于消费者心理特征的细分，也是统一"鲜橙多"取得成功的关键所在。统一集团运用深度市场细分的方法，选择追求健康、美丽、个性的年轻时尚女性作为目标市场，使用 500 毫升和 300 毫升等外观精致、适合随身携带的 PET 瓶，而卖点则直接指向消费者的心理需求：统一鲜橙多，多 C 多漂亮。所有的广告、公关活动及推广宣传也都围绕这一主题展开，如在一些城市开展的"统一鲜橙多 C-Girl 选拔赛""统一鲜橙多阳光女孩"等活动，无一不是直接针对以上群体的，从而极大地提高了产品在主要消费人群中的知名度与美誉度。与此类似，可口可乐公司专门针对儿童市场推出的果汁饮料"酷儿"也验证了可口可乐公司对品牌运作的专业性。相信没有哪个儿童能抗拒"扮酷"的魔力，年轻的父母也对小"酷儿"的可爱形象大加赞赏。

令人遗憾的是，汇源果汁从初期的"营养、健康"诉求到现在仍然沿袭原有的功能性诉求，其包装也仍以家庭装为主，没有具有明显个性特征的目标群体市场，只是运用浅度市场细分的方法切出喝各种果汁的人群，而这些人群在果汁市场竞争中、后期对企业而言已不再是具有细分价值的市场。即使汇源在后期推出了 500 毫升的 PET 瓶装的"真"系列橙汁和卡通造型瓶装系列果汁，但也仅是简单的包装模仿，形似而神不似（汇源集团生产的"他她水"功能饮料颇有新意，自是另当别论）。至此，我们已能看出在这场果汁饮料市场大战中，汇源果汁的领导地位如此轻易地被动摇的真正原因。我们说将汇源集团、统一集团、可口可乐公司进行比较，它们的经营出发点、市场细分方法的差异才是导致市场格局发生变化的关键因素。

由上述分析不难看出，汇源从企业自身的角度出发，以静态的浅度市场细分方法来划分和经营果汁饮料市场；而统一、可口可乐等却从消费者的角度出发，以动态的市场细分方法（随着市场竞争结构的变化而调整其市场细分的重心）来划分人和经营市场。同样是"细分"，但在市场的导入期、成长期、成熟期和衰退期等不同的生命周期，却有不同的表现与结果。

💡 教学目标

通过分析本案例，使学生深入理解市场细分的重要作用，同时领会如何根据消费者的心理来进行市场细分。本案例为描述性案例，适用于广告心理学和营销心理学等课程。

👥 教学对象

本科生、研究生。

👤 课堂讨论

1. 汇源果汁市场份额下滑的原因是什么？

2. 市场营销者应该如何根据消费者的心理变化来调整市场细分策略？

3. 汇源与统一、可口可乐不同的市场细分策略给你带来了哪些启发？

👥 教学计划

案例讨论前，需要让学生复习关于市场细分的知识，特别是进行市场细分的若干因素(地理因素、人口学因素、社会文化因素、心理因素、使用相关因素以及使用情境因素等)。此外，要让学生复习市场细分的四个重要标准，即可识别性(identification)、充分性(sufficiency)、稳定性(stability)以及可通达性(accessibility)。接下来，将全班学生分成 4~5 组，引导学生认真阅读案例材料，在阅读过程中插入若干谈论问题。各组指派一名成员负责记录小组讨论的情况。在学生讨论过程中，教师可巡视，并适当参与各组的讨论。讨论完毕，要求各组指派一名成员上台报告。教师对报告进行 1~5 点量表评分，作为平时成绩考核的依据之一。最后，教师进行总结，并对各组的报告情况进行点评。

🕐 课堂时间计划

复习相关知识。	5 分钟
讨论 1：汇源果汁市场份额下滑的原因是什么？	10 分钟
讨论 2：市场营销者应该如何根据消费者的心理变化来调整市场细分策略？	10 分钟
讨论 3：汇源与统一、可口可乐不同的市场细分策略给你带来了哪些启发？	10 分钟
分组报告。	45 分钟
教师总结。	10 分钟

⊙ 问题分析

1. 汇源果汁市场份额下滑的原因是什么？

汇源果汁市场份额下滑的主要原因在于它仅仅按照产品的类型进行简单、机械的市场细分，而忽视了消费者的心理特征，未按照消费者的心理特征进行更为精细的市场细分。

2. 市场营销者应该如何根据消费者的心理变化来调整市场细分策略？

在产品导入市场的初期，市场营销者可以根据地理因素、人口学因素或产品本身的类型进行较为简单的市场细分。但随着时间的推移，简单的市场细分可能无法满足消费者复杂、多变的心理需求了。此时，市场营销者应通过各种方式，如网络调查，掌握消费者心理需求的变化，并依据市场细分的四大标准（可识别性、充分性、稳定性和可通达性），结合消费者的心理需求，重新进行市场细分。

3. 汇源与统一、可口可乐不同的市场细分策略给你带来了哪些启发？

当今市场竞争非常激烈，任何厂家、商家要想在竞争中胜出，就要围绕消费者变化的心理需求进行灵活的市场细分，并根据情况适时调整市场细分策略。消费者的需要是多种多样的，他们的关注点也不尽相同。厂商和市场营销者应全面、及时地把握不同消费者的心理需求，并据此进行相应的市场细分，从而赢得更多的市场份额。

🔧 后继应用

1. 如果换一种产品，如服装，如何进行市场细分？
2. 针对同一种产品，如何根据消费者心理需求的变化来调整市场细分策略？

参考资料

陈思. 营销心理学. 广州：暨南大学出版社，2005.

冯丽云，侯丽敏，孟繁荣，等. 营销心理学（第 3 版）. 北京：经济管理出版社，2010.

徐萍. 消费心理学教程（第三版）. 上海：上海财经大学出版社，2008.

13. 消费者需要

塞班系统走向消亡：细数塞班的发展简史

汪 波

摘要

消费者具有各种各样的需要。对市场营销者而言，如何满足消费者需要是一个极为重要的问题。一件产品或者一种服务如果无法满足消费者需要，则必然面临营销窘境。本案例通过讲述塞班（Symbian）系统从兴盛走向消亡的历程，使学生深入理解产品满足消费者需要的重要性以及根据消费者需要的变化适时调整产品设计的重要性。

关键词

消费者需要、塞班系统、诺基亚

诺基亚在 2012 年第四季度的财报中确认，2011 年发布的 808 纯景（PureView）是最后一款塞班系统手机，这意味着塞班系统已经"死亡"。塞班，这个曾经辉煌无限的智能手机操作系统，终于走到了尽头。此时，有必要回忆一下这个陪伴无数手机用户一起成长的手机操作系统。

初出茅庐

国内手机用户接触塞班这个名字，大约是从 2002 年的诺基亚 7650 开始的，至 N-Gage 或"胖6"（诺基亚 6600）达到一次热潮。事实上，塞班系统本身的历史要早得多。这要从一家名为宝意昂（Psion）的公司谈起。

宝意昂的创始人为大卫·波特（David Potter），它成立于 1980 年，是一家欧洲公司，也是欧洲第一批掌上电脑（personal digital assistant，PDA）厂商。EPOC 是宝意昂公司推出的操作系统，专门用于移动信息设备，包括掌上电脑。EPOC 这个词是"electronic piece of cheese"的缩写，意思就是"使用电子产品就好像吃奶酪一样简单"。这也可以看出它与立志要把手机变成电脑的微软 WM（Windows Mobile）系统有何不同。它是一个开放的操作系统，并在开始就加入了无线通信，与当时的奔迈（Palm）和 Windows CE 操作系统相比，塞班在通信方面有先天优势。或许在那时，它就注定了是为手机而生的。

成立塞班联盟

1998 年 6 月，宝意昂联合诺基亚、爱立信、摩托罗拉组建了塞班公司。作为一个开放式平台，任何人都可以为支持塞班的设备开发软件。为此塞班推出了白金合作计划，安谋（ARM）、摩托罗拉、德州仪器等厂商相继加入，之后又有松下、西门子、三星和联想等先后加入。

1999 年 3 月，塞班公司推出了塞班 5.0 操作系统，具有支持标准网络页面的浏览器，配合 Java 语言的支持，使得塞班可以运行小型的应用程序，不过采用这个版本的机型很少。塞班 6.0 在 5.0 的基础上增加了 GPRS 网络、WAP 1.2 浏览器以及蓝牙技术的支持，用户可以运行基于 C++ 和 J2ME 开发的程序。与塞班 6.0 相比，塞班 6.1 又增加了对 USB 的支持。

在塞班 5.0 之后，真正投向市场的产品是 2000 年的爱立信 R380，它被认为是塞班的第一款智能手机，采用 EPOC Release 5.0u 操作系统（Symbian OS 5.1），被称为智能手机的鼻祖。

逐步辉煌

2000—2002 年是一个手机巨变的时期。彼时，基努·里维斯拿着诺基亚 7110 在《黑客帝国》里惊艳亮相，"网虫"们在用 56K"猫"（modem，调制解调器）拨号上网，学校里的"高富帅"们用着诺基亚 3310 和 8310 崭露头角。2002 年年末，诺基亚 7650 已经出现在了中国内地，彩屏，滑盖，30 万像素摄像头，造型霸气，极度震撼。随着这部手机的出现，"智能手机"这个词开始出现在人们的生活中。从那时开始，塞班系统也开始和诺基亚紧紧捆绑在一起，以至于本文后面很多地方都不得不提到诺基亚。

塞班为其旗下三种系统分别取了如诗般的代号："Pearl"（珍珠）、"Quartz"（石英）和"Crystal"（水晶）。每个系列都采用塞班核心代码，不同系列的区别主要在于用户接口和屏幕大小，分别用于智能手机或通信器等设备。诺基亚7650、6600和7610等都可划为珍珠系列的智能手机。需要注意的是，通常资料都将塞班版本号写在前面，将用户界面写在后面。但直至今日，仍有人将塞班手机称为S60手机，但其实S60不是手机系统，而是塞班系统的一个用户界面。

在此后的一段时间，塞班手机仍在沉积，此时占领国内市场的是诺基亚的非智能手机背剑武士6108和7250。但塞班系统已经开枝散叶，并且势不可当。2003年10月，诺基亚N-Gage与6600相继问世，国内手机"水货"市场迎来了真正意义上的第一春。手机玩家们也迎来了一个大时代。N-Gage和"胖6"成了那个年代潮人必备的装备，侧着打电话的N-Gage是"有范儿"的代名词。2004年，百万像素的诺基亚7610和形貌奇特的诺基亚6630更将这股玩机热潮推向高峰。

但是塞班系统并未提供一个类似于苹果应用商店的东西，第三方商店也是很久都没人想起来的事。这种不方便催生了DOSPY论坛、3G365智能手机网等一大批国内塞班论坛，无数玩家们每天在上面交流心得与软件。那时候"移动互联网"这个名词还没被发明出来，看帖—下载到计算机—倒进手机—安装，这一系列流程成了玩家们每天的习惯。

称霸全球

2004年2月，塞班操作系统8.0版本问世。这个版本的塞班系统改进了远程接入控制系统功能，支持多种标准。同年，宝意昂出售其持有的塞班公司31.1%的股份。经各方认购后，诺基亚占据了47.9%的股份，爱立信15.6%，索尼爱立信13.1%，松下10.5%，三星4.5%，西门子8.4%。到了这个时候，塞班联盟实际上已经成了诺基亚一家掌控。这种联盟关系自然不能稳靠，众人的努力实际成就了诺基亚这个对手，塞班俨然已经是诺基亚的子公司了。

诺基亚在2005年迎来了自己的黄金年代。一家公司若能打造出一款街机已经算是成功的了，但若有诺基亚 3230、6680、N70 三款街机，那毫无疑问将称霸这个市场。2005 年年初，塞班操作系统 9.1 版本发布，这是塞班系统的巨大变化。它引入了新的系统安全机制，使用新型 ARM 处理器，而且使用 EKA2 内核，相比之前采用 EKA1 内核的机型有着众多的优势，都是今后手机发展的方向。但正是这些改变导致采用塞班9.1 系统的手机均无法使用以前版本的应用程序，同样，使用以前各版本的操作系统的手机也没法使用基于塞班 9.1 系统开发的程序，需要软件开发者重新编译。

2006 年年初，首款采用塞班 9.1 系统的手机诺基亚 3250 发布，它的界面是 S60 第三版，自此塞班 9.1 系统又被广泛称为 S60 v3。尽管"证书"这个东西为塞班手机带来了一点小小的麻烦，但这无法阻碍诺基亚 E61、N73、N72、N93 成为人们争相抢购的产品。今日北京中关村的手机商家们对那个年代的回忆就是："诺基亚出什么火什么。"

2006 年一季度，基于 S60 平台的产品的销量占据了所有智能手机销量的 54.1%，而基于塞班操作系统其他平台的产品的销量（S80、S90 和 UIQ 等）占据了 22% 的市场份额。WM、奔迈、RIM 和林纳斯（Linux）的市场份额加在一起还没有 S60 一家多。这股热潮延续了两年。我们仍要继续历数一下诺基亚 N82、N76、N95……从最结实的手机到最好的智能手机，诺基亚站在了世界之巅，秘籍是：拥抱最新科技，给人们更多选择，促使顾客重复购买。

没落开始

高处不胜寒。站在顶峰的诺基亚沉醉在胜利的喜悦中，却没注意自己的对手苹果公司已经开始行动。那时的 iPhone 功能少、应用缺、待机短，甚至被嘲笑抗摔性能远不及诺基亚手机。但乔布斯为智能手机打开了另一扇门：触控屏幕。在 2007 年，诺基亚 E71 仍是最好的智能手机，但诺基亚的想象力终于用尽。N95-8GB、N96 这些产品是诺基亚没落的开始。尽管此后诺基亚 5800 和它的一系列衍生品仍为诺基亚创造了大量财富，但苹果公司已经走在通向王位的路上。在它旁边，更有一个绿色的机器人虎视眈眈。但这并没阻止诺基亚 N97 的热卖，当时北京电视台一档节目甚至对 N97 一机难求的事做了报道。这一年，诺基亚收购了塞班公司，塞班成为诺基亚独占的系统。

最后的日子

2009 年，LG、索尼爱立信等厂商宣布退出塞班平台，转投安卓（Android）阵营。2010 年，三星宣布退出塞班转向安卓。塞班仅剩诺基亚一家支持。在 2010 年的世界移动通信大会上，塞班基金会宣布将于 3 月完成塞班 3 系统的代码开发。当时的新闻中说这一新的系统将是塞班史上一次里程碑式的转变。2010 年下半年，诺基亚正式推出塞班 3 系统，俗称塞班 3。相比当前的 S60 v5，塞班 3 最大的改变都来自对手：全面支持电容屏幕，并首次在诺基亚手机上实现了多点触控功能，支持多幅待机桌面、桌面插件，集成 SNS 社交网站，支持 2D/3D 游戏加速。首款使用塞班 3 系统的手机诺基亚 N8 在 2010 年 10 月问世，只是诺基亚将宣传重点放在了那枚 1200 万像素的摄像头上。事实证明，塞班 3 不是里程碑，也没能拯救塞班和诺基亚。2011 年 6 月 22 日，诺基亚将塞班承包给埃森哲。诺基亚称，至 2016 年埃森哲公司将向诺基亚提供软件服务。

2011 年 8 月 24 日，诺基亚宣布将放弃塞班名称，下一版本的操作系统将更名为诺基亚贝拉（Belle），并且塞班安娜（Anna）系统也同样会更名为诺基亚安娜。曾经辉煌的塞班就此与我们告别，诺基亚将来推出的塞班系统手机不会再出现"塞班"这个名字。2012 年 2 月 27 日，诺基亚在世界移动通信大会上发布了 4100 万像素的塞班拍照手机 808 纯景，一款像素数超过单反的手机，它是塞班为这个世界带来的最后一次惊喜。记得几乎所有媒体对这款手机的评测结尾都是"拍照出色，系统拖了后腿"。老迈的塞班再也跑不过安卓和 iOS（苹果移动设备操作系统），并终于在今天倒下了。

此时，正是 2013 年 1 月 24 日，诺基亚在 2012 年第四季度财报中确认 808 纯景是最后一款塞班系统手机，塞班已经"死亡"。伴随着一代玩家的美好记忆，一个辉煌的时代就此终结。

资料来源：郭晓光. 塞班简史：一个时代的终结. 2013-01-24[2017-07-20]. http：//tech. sina. com. cn/mobile/n/csj/2013-01-24/23588012563. shtml. 有删改.

🟡 教学目标

通过分析本案例，使学生深入理解消费者需要以及满足消费者需要的重要性。本案例为描述性案例，适用于营销心理学课程。

教学对象

本科生、研究生。

课堂讨论

1. 你使用过哪些手机操作系统？是否有不同的体验？

2. iPhone 的操作系统和塞班操作系统在满足用户需要方面有哪些不同理念？

3. 为何 LG、索尼爱立信、三星等纷纷退出塞班阵营而转投安卓怀抱？

教学计划

案例讨论前，需要让学生复习消费者需要的相关内容，重点让学生把握消费者需要的多样性以及动态变化性。接下来，将全班学生分成 4～5 组，引导学生认真阅读案例材料，在阅读过程中插入若干谈论问题。各组指派一名成员负责记录讨论的情况。在各组讨论过程中，教师可巡视，并适当参与各组的讨论。讨论完毕，要求各组指派一名成员上台报告，教师对报告进行 1～5 点量表评分，作为平时成绩考核的依据之一。最后，教师进行总结，并对各组报告情况进行点评。

课堂时间计划

复习相关知识。	5 分钟
讨论 1：你使用过哪些手机操作系统？是否有不同的体验？	10 分钟
讨论 2：iPhone 的操作系统和塞班操作系统在满足用户需要方面有哪些不同理念？	10 分钟
讨论 3：为何 LG、索尼爱立信、三星等纷纷退出塞班阵营而转投安卓怀抱？	10 分钟
分组报告。	45 分钟
教师总结。	10 分钟

🅰 问题分析

1. 你使用过哪些手机操作系统？ 是否有不同的体验？

让每个组的学生列举自己使用过的手机操作系统，同时尽量详细地阐述自己在使用这些手机系统时的体验(正面和负面的体验)。

2. iPhone 的操作系统和塞班操作系统在满足用户需要方面有哪些不同理念？

iPhone 的操作系统的特点在于触控操作，使用户可以便捷地完成相应任务。使用塞班操作系统的手机虽然拍照功能出色，但在满足用户便捷性需要方面明显落后于 iPhone 的操作系统。虽然后期的塞班操作系统支持触控操作，但显然为时已晚，难以与 iPhone 的操作系统抗衡。

3. 为何 LG、 索尼爱立信、 三星等纷纷退出塞班阵营而转投安卓怀抱？

对手机厂商而言，能否持续盈利无疑是它们极为关心的问题。而任何一件产品，只有迎合消费者需要，才可能在激烈的市场竞争中获胜，厂商才可能实现盈利。塞班系统不仅用户体验欠佳，而且不同版本的应用之间兼容性差，安卓系统则是一个开放开源的系统。此外，安卓系统允许用户进行诸多个性化设置，如定制桌面，这也满足了用户的不同需要。基于但不限于上述原因，LG、索尼爱立信、三星等手机厂商放弃塞班而转投安卓就不难理解了。

🔧 后继应用

1. 如果你负责某种手机新产品的设计研发，你会考虑哪些因素从而迎合消费者需要？

2. 尽管与塞班系统相比，iOS 和安卓系统目前广受欢迎，但是你认为这两种系统还存在哪些需要改进之处？

3. 对于其他产品，如电脑或汽车，消费者有哪些方面的需要？ 他们的需要可能随时间发生什么变化？

参考资料

陈思. 营销心理学. 广州：暨南大学出版社，2005.

冯丽云，侯丽敏，孟繁荣，等. 营销心理学(第 3 版). 北京：经济管理出版社，2010.

徐萍. 消费心理学教程(第三版). 上海：上海财经大学出版社，2008.

14. 市场细分
快递价格战或将开打　顺丰降价
"四通一达"按兵不动
汪　波

摘要

　　当下快递行业的竞争异常激烈。"四通一达"（圆通、申通、中通、汇通以及韵达）占据了接近80％的市场份额，剩下的20％由顺丰、EMS等其他快递公司分割。与其他行业的公司一样，快递行业的公司要想抢占市场份额，就需要适时进行合理的市场细分。与其他快递相比，顺丰快递因其收费高、服务好一直被认为走高端快递路线。然而为了进一步抢占和拓宽市场，顺丰开始将眼光瞄准发送微小快件但注重服务质量的消费者，开始推出价格较低的快递产品，这一举动可能影响顺丰与"四通一达"的竞争格局。

关键词

市场细分、快递、价格、顺丰、四通一达

顺丰推出低价快递服务

　　一直被认为是物流业里"高富帅"的顺丰快递一改以往的高价策略，推出了低价的电商优惠服务。日前，顺丰快递公司宣布推出电商速配、电商特惠、顺丰小盒、商盟惠、绿色通道等电商惠系列产品，其中顺丰小盒的同城运价仅为8元，跨省运价也只有12元。

　　"顺丰小盒是我们针对电商市场的一个特色服务之一"，顺丰快递公司的有关人士向《时代周报》记者表示，电商速配和电商特惠是本次电商惠系列的基础产品，是顺丰快递针对目前电商市场的特点和需求而推出的。事实上，以"四通一达"为代表的平价物流公司是此次顺丰推出低价快递服务的直接影响者。

"从最近顺丰一系列产品推新的举动来看，顺丰对于电商市场的关注似乎超过了以往任何一个阶段。"一位申通快递的相关人士向记者透露，行内正在密切关注顺丰小盒服务推出后的市场反应。除了推出电商惠系列产品外，顺丰快递还在全国推进社区线下便利店"嘿客"。除了快递物流业务、虚拟购物外，"嘿客"还具备ATM、冷链物流、团购、试衣间、洗衣、家电维修等多项业务，旨在解决"最后一公里"的寄送业务。2014年4月28日，顺丰航空有限公司引进当年第一架全货机，使机队总数增至15架，空运实力再度增强。中国快递物流咨询网首席顾问徐勇接受记者采访时表示看好顺丰快递此次的举动。在他看来，市场越来越细分化是快递行业的一种趋势。

顺丰同城运价降至8元，跨省12元

据顺丰方面表示，2014年5月15日起顺丰推出多个针对电商的快件服务，其中最为抢眼的是同城运价8元、跨省12元的顺丰小盒服务。据悉，顺丰小盒主要针对微小快件，货物体积在1200立方厘米以内、重量在200克以内才可以使用，它更多的是满足部分客户的体验。顺丰小盒也从原来的每月2000单的准入门槛降至"千单入门"。此外，一些没达到要求的小商家还可以联合500米内友商，以"商盟惠"的形式拼单满足票件要求。当商家将货物批量送到分点部或中转场，顺丰快递还将开辟"绿色通道"，商家能享受更低的折扣优惠。

《时代周报》记者观察到，顺丰普通快件同城首重12元/千克，续重2元/千克，普通跨省件虽然每个区域不同，但基本上为50千克内首重22元/千克，续重13元/千克。与此相比，顺丰小盒同城首重仅为8元/千克，跨省价12元/千克。以从广州发往湖北武汉一单5千克的快件为例，选用顺丰普通快件服务的价格为70元，但选用顺丰电商特惠服务的价格仅为50元，顺丰电商特惠比普通快件服务便宜了28.6%。

顺丰快递的相关负责人否认此次电商惠活动是顺丰进入低端物流市场的举动。她表示，"电商速配"是为中高端电商市场专设的高时效电商快递产品，在满足货品安全性、时效性方面有很强的针对性，"这只能说是顺丰正在适应电商市场的一致性和多样性，不断丰富自身的产品和服务"。

徐勇认为，顺丰快递开始在细分市场上深耕细作，因为市场细分化是大趋势，顺丰此举将形成差异化竞争，避免同质化竞争。他表示，这是快递企业向综合物流转型，向专业化转型，搞多元化服务是整个行业的趋势。对于此举会否影响顺丰本来的快递质量，徐勇认为两者业务是拆分的，并不会彼此影响。

"四通一达"暂无回击动作

对于顺丰速运这次的电商惠活动，电商的反应不一。一位淘宝卖家向记者表示，顺丰的降价力度还不够，而且对货品的限制比较多。他说，快递公司都会给卖家提供优惠价，每个月发1000单左右的到省外也才5块左右，顺丰的价格相对而言依然偏高。不过也有一些店家表示，顺丰小盒的推出让他们多了一个选择，特别是对某些在时效性上有高要求的货品来说，顺丰比"四通一达"更有优势。徐勇也认为，在快递行业里服务竞争正在取代价格竞争，大型的快递公司开始加强关注用户体验，传统的价格战已经过时了。

业内人士认为，顺丰速运推出电商惠系列产品是瞄准了国内庞大的电商市场。有关媒体报道，2014年4月全国快递业务量突破10亿件，业务量增长接近60％，收入增长超过40％。而2014年1月—4月，邮政企业和全国快递服务企业业务收入（不包括邮政储蓄银行直接营业收入）累计完成977.1亿元，同比增长22.3％；业务总量累计完成1050.9亿元，同比增长36.5％。目前在国内电商快递市场，"四通一达"就占据了接近80％的市场份额，剩下的20％由顺丰、EMS等其他快递公司分割。

申通快递的一位高层透露，申通正密切关注顺丰的一系列举动，并对其后期的市场反应做出评估后再落实下一步应对措施。这位高层说，从价格竞争到服务竞争的趋势不会改变，申通会继续对标准时限产品实施成本控制，同时也会继续丰富自身的产品体系，以应对日益变化的消费者需求。而中通、圆通等多家快递公司的负责人接受媒体采访时回应不会跟着降价，但会继续深耕电商市场。记者走访了广州各大物流公司的快递网点，发现大部分网点的快递价格平稳，暂未受到此次顺丰降价的影响。

徐勇认为，顺丰速运的电商惠系列产品短期内不会对"四通一达"构成影响，两者的定位不一样，服务有差异。顺丰开始做经济型的、标准化的服务，但仍然以中高端为主，不会在短时间内转移市场；而"四通一达"做的是标准产品，走的是中低端路线。

争夺最后一公里

在电商惠系列产品推出的同时，顺丰旗下的网购服务社区店"嘿客"也同步开设。顺丰快递公司的有关人士向记者确认，首批开业的"嘿客"合计 518 家，除青海、西藏以外，在全国各省、市、自治区均有覆盖。据了解，2014 年年底顺丰"嘿客"在全国大概要开设 4000 家门店。顺丰"嘿客"负责人曾云在接受记者采访时称，"嘿客"的经营模式还在摸索中，至于是否能赚钱还不好说，但即使顺丰不开设便民服务，将来也要建设社区的网点。据徐勇介绍，快递公司在争夺社区终端时，除了采取自建店模式外，还有便利店模式。其实在国外，便利店模式已经是一种很成熟的模式。2014 年 3 月，日本目前最大的速递运输公司大和运输（宅急便）宣布与全家、7-11 等多家连锁便利超市合作，扩大快递寄存领取服务，顾客可以在日本各地的 4 万多家便利店领取快递、邮件。而目前顺丰的自建店模式与英国最大的 O2O 电商爱顾商城（Argos）十分相似，但顺丰"嘿客"除有试穿试用的样品外，店内不设库存。申通快递的相关人士称，类似于顺丰的"嘿店"实体店业务目前申通并未考虑。据介绍，申通目前主要与社区物业、社区超市等第三方零售或服务业店进行合作，但目前进度不便于透露。

顺丰速运除了开始布局社区终端外，还通过提升物流运输设备来维持在中高端快递市场的竞争力，拓展海外市场。到 2014 年，顺丰航空已经拥有以波音 737 和波音 757 机型为主的全货机机队。2014 年 4 月 28 日引进的全货机是顺丰机队的第 4 架波音 737-300 全货机。随着第 15 架自有飞机的投入，顺丰航空的力量在国内快递市场无人可及。

"顺丰是一个大平台，它的业务版图还会继续扩大。"业内人士认为，顺丰利用已有的物流优势和在消费者心目中不错的品牌知名度，有望成为电商领域的有力争夺者，但顺丰在线上营销还有很长的路要走，其模式还需时间观察。

资料来源：陆一夫. 顺丰同城运价降至 8 元 快递行业价格战或将开打 顺丰降价"四通一达"按兵不动 . 2014-05-22 [2017-07-21]. http：//www. time-week-ly. com/index. php？a＝show&c＝index&catid＝22&id＝24849&m＝content. 有删改.

💡 教学目标

通过分析本案例，使学生深入理解市场细分对快递行业的重要作用。本案例为描述性案例，适用于广告心理学和营销心理学等课程。

👥 教学对象

本科生、研究生。

👤 课堂讨论

1. 你使用过哪些快递公司的服务？分别有什么体验？

2. 顺丰推出价格较低的顺丰小盒主要是出于什么考虑？

3. 除了针对重量较轻的快件推出降价方案，快递公司是否还有其他可能的降价方案？

👥 教学计划

案例讨论前，可以让学生了解目前国内各快递公司的营销状况，同时让学生复习市场细分的四个重要标准。此外，可以让学生了解商品定价的策略。接下来，将全班学生分成 4～5 组，引导学生认真阅读案例材料，在阅读过程中插入若干谈论问题。各组指派一名成员负责记录讨论情况。在各组讨论过程中，教师可巡视，并适当参与各组的讨论。讨论完毕，要求各组指派一名成员上台报告，教师对报告进行 1～5 点量表评分，作为平时成绩考核的依据之一。最后，教师进行总结，并对各组报告情况进行点评。

🕐 课堂时间计划

复习相关知识。	5 分钟
讨论 1：你使用过哪些快递公司的服务？分别有什么体验？	10 分钟
讨论 2：顺丰推出价格较低的顺丰小盒主要是出于什么考虑？	10 分钟
讨论 3：除了针对重量较轻的快件推出降价方案，快递公司是否还有其他可能的降价方案？	10 分钟
分组报告。	45 分钟
教师总结。	10 分钟

⑦ 问题分析

1. 你使用过哪些快递公司的服务？ 分别有什么体验？

各组成员可列举出自己使用过的快递公司的服务（可以是除了顺丰和"四通一达"的快递公司的服务），同时分别描述自己作为消费者的体验。此外，也可以描述自己比较偏好的快递公司，并说明原因。

2. 顺丰推出价格较低的顺丰小盒主要是出于什么考虑？

尽管顺丰被认为快递业的"高富帅"，走的是高端路线，但是随着快递行业的竞争日益激烈，如何占领更多市场成了非常重要的问题。如果顺丰只走之前的高端路线，不对产品价格进行调整，就无法赢得那些注重服务质量同时发件重量轻的客户。

3. 除了针对重量较轻的快件推出降价方案，快递公司是否还有其他可能的降价方案？

快递公司降低价格的主要目的是满足价格敏感型消费者的需要。除了顺丰小盒之类的低价快递服务，快递公司还可以考虑对时限要求不高但对价格敏感的消费者的需要，进而推出"慢递"服务。实际上，亚马逊网站推出的是 4～7 天的"慢递"服务，顺丰推出的则是经济类产品"4 日件"（陈徐，2012）。

113

🔧 后继应用

1. 顺丰的价格策略对快递业的竞争格局有何影响?

2. 结合自己和身边同学使用快递服务的经历,根据市场细分的策略和标准,谈谈目前的快递市场还有哪些方面有待挖掘。

参考资料

陈思. 营销心理学. 广州:暨南大学出版社,2005.

陈徐. 快递竞争中的"慢"思维. 中国邮政,2012(11).

冯丽云,侯丽敏,孟繁荣,等. 营销心理学(第3版). 北京:经济管理出版社,2010.

徐萍. 消费心理学教程(第三版). 上海:上海财经大学出版社,2008.

15. 心理因素与产品推销

速溶咖啡的命运

冯 源

摘要

　　20 世纪 40 年代，雀巢速溶咖啡刚刚投放市场，其口感和营养成分不但与磨豆咖啡相同，而且饮用方便，不必再花时间去煮，也不需要再为刷洗煮咖啡的器具而费很大力气。因此，厂家自信该速溶咖啡会销售得很快，于是就在广告上着力宣传它的这些优点。出乎意料的是，购买者寥寥无几。在销售者历经辗转仍不能找到推销不力的原因时，心理学家提出了一个新的建议，认为不是产品原因，而是购买者的心理因素导致推销不力，于是通过心理学实验改变了推销策略，使得速溶咖啡迅速打开了市场。

关键词

心理因素、产品推销

　　雀巢集团于 1867 年在瑞士成立，以创始人亨利·雀巢（Henri Nestle）的名字命名。在德语中，"Nestle"的意思就是"小小的鸟巢"，代表着雀巢集团的理念：关爱、安全、自然、营养。如今，"小小的鸟巢"已经成为世界著名的食品公司。1994 年，雀巢被美国《金融世界》杂志评选为全球第三大最具价值的品牌，第一名和第二名分别是可口可乐和万宝路。到 2010 年，雀巢集团净利润超过 342 亿瑞士法郎。雀巢在 81 个国家建立了 400 多家工厂，其销售额的 98% 来自国外，是世界著名的跨国公司之一。

　　1938 年 4 月 1 日，随着雀巢开发的喷雾干燥咖啡粉末的工艺正式在瑞士投产，世上最早的速溶咖啡诞生了。很快地，雀巢咖啡便在法、美、英等国家进行销售。雀巢速溶咖啡的特点和优势是：不仅味道和营养成分与磨豆咖啡相差无几，而且饮用非常方便，不用花很长时间去煮，也不用再为刷洗煮咖啡的器具而费时费力。因此，厂家以此为卖点来推销雀巢速溶咖啡，他们非常乐观地认为市场反应会非常好，却不料购买者寥寥无几。

为了解这种速溶咖啡销售遇冷的问题，雀巢开始了一系列的市场调研分析。首先，厂家请市场专家进行调查研究，先用问卷直接询问。很多被访的家庭主妇回答不愿选购速溶咖啡是因为不喜欢速溶咖啡的味道。

然后，通过测试来检验速溶咖啡的味道与磨豆制咖啡的味道是否不同。结果在试饮调查中发现，主妇们大多辨认不出速溶咖啡和磨豆制咖啡。

那么到底是什么导致了人们不愿购买速溶咖啡呢？雀巢求助于心理学家来解决这个问题，心理学家认为消费者可能有某种潜在的对速溶咖啡的认识，导致他们不愿购买。于是心理学家改用了间接的方法对消费者的真实购买动机进行了一个小的心理学实验。当时咖啡的购买者主要是家庭主妇，他们把主妇被试们分成两组，一组为实验组，另一组为对照组，让两组分别看一份购物单，如图 15-1 所示。这两种购物单上除了一张上写的是速溶咖啡而另一张上写的是磨豆咖啡这一项不同，其他各项均相同。然后请被试描述按这份购物单购物的主妇的性格特点。

1听 发酵粉	1听 发酵粉
2块 面包	2块 面包
1根 胡萝卜	1磅 磨豆咖啡
1磅 雀巢速溶咖啡	2磅 牛肉
2磅 牛肉	2磅 桃子
2磅 桃子	1根 胡萝卜
(1)实验组购物单	(2)对照组购物单

图 15-1　实验组和对照组购物单

结果表明，实验组被试，即看速溶咖啡购物单的那组主妇，几乎有一半人说按这张购物单购物的主妇是个懒惰的、邋遢的、生活没有计划的女人，有 12％ 的人把她说成是个挥霍、浪费的女人，还有 10％ 的人说她不是一位好妻子；而对照组，即看磨豆咖啡购物单的主妇们，则把按这张购物单购物的主妇描述成勤俭的、讲究生活的、有经验的和喜欢烹调的主妇。

这一研究结果说明，当时的美国妇女有一种带有偏见的自我意识：家庭主妇担负繁重的家务劳动乃是一种天职，而逃避这种劳动则是偷懒的行为，应该被谴责。速溶咖啡的广告强调的正是该咖啡省时、省力的特点，因而并没有给人好的印象，反而被理解为它帮助了懒人。

由此可见，速溶咖啡被人们拒绝并不是因为产品本身，而是因为人们的动机，即购买者都希望自己是一名勤劳的、称职的家庭主妇，而不愿被他人指责为是懒惰的、失职的主妇。这就是当时人们的一种潜在的购买动机，也正是速溶咖啡被拒绝的真正原因。速溶咖啡销售遇冷的谜底揭开之后，厂家对产品的包装做了相应的修改，除去了使人产生消极印象的宣传内容，即又快又方便的特点，而是重点宣传它具有磨豆咖啡所具有的美味、芳香和质地醇厚等特点。结果可想而知，速溶咖啡的市场一下子被打开了。现在速溶咖啡已经进入了千家万户，成为许多人生活中必不可少的饮品。

💡 教学目标

本案例通过介绍速溶咖啡的营销手段，阐述了在产品推销过程中不仅产品本身的质量、广告的艺术、生产的技术很重要，购买者的心理因素也十分重要。本案例为描述性案例，适用于组织行为学、管理心理学、人力资源管理、广告心理学、营销心理学等课程中关于产品推销的教学内容，即在产品销售中应考虑买方和卖方的心理因素。

👥 教学对象

本科生、研究生。

👤 课堂讨论

1. 如果在人们只能接受磨豆咖啡的时代由你来推销速溶咖啡，你将考虑哪些因素?

2. 结合本案例中的推销策略,请分析如何将改变人们生活习惯的产品推销出去。

3. 你如何评价速溶咖啡推销中的心理因素的实验?该实验还有什么改进之处?

教学计划

案例讨论前,教师可以让学生通过阅读先了解广告心理学在广告中的作用,产品销售中需要懂得的心理学知识,以及如何应用心理学知识来说服别人购买产品等相关内容(丁家永,2005;王中义,王贤庆,黎泽潮,2005;余小梅,2003)。

课堂开始时,教师可以让学生思考在速溶咖啡被人接纳之前速溶咖啡的销售存在的问题。①引导学生分析速溶咖啡的品质。②引导学生分析速溶咖啡的操作步骤。③引导学生分析速溶咖啡的口感。④引导学生分析速溶咖啡的销售渠道是否健全。⑤引导学生分析速溶咖啡的宣传文案还有哪些地方需要改进。⑥引导学生分析速溶咖啡的受众是什么人,或者引导他们分析是谁在拒绝这个产品。⑦引导学生分析是产品本身有问题,还是市场有问题,促销手段是否可以继续改进,如果都没有问题,那么继而引导学生思考产品、市场、促销之外的因素。

在讨论过程中,可以把影响产品销售的每个步骤的每个因素都罗列出来,从产品质量到推销产品的步骤,再到受众,依次进行分析。例如,一般喜欢喝咖啡的都是什么人?其中女性多少,男性多少?收入水平如何?年龄分布如何?职业类别分布如何?一般来讲,在推销产品的过程中比较重要的影响因素有推销技术、技巧和手段,如使用赠品、免费试喝、让受众亲自操作来体验和比较磨豆咖啡与速溶咖啡等。教师可以将产品销售的每个步骤都进行适当的讲解,然后引导学生根据每个步骤的内容,到案例里面寻找真正影响速溶咖啡销售的因素到底是什么(管益杰,王詠,马谋超,2012;舒咏平,2010;黄合水,2011)。

实际上,这个案例的整个分析过程是,经过层层排查和分析最终发现产品本身、销售手段乃至广告文案制作等方面的问题,最后锁定了受众环节,并进行攻克。在一系列调查分析以后,研究人员发现大多数受众是中年妇女。最后组织了小组讨论,请了很多家庭主妇跟心理学专家一起开会、讨论,分析这款产品的所有细节。结果发现了两个重要因素:其一,这些家庭主妇在传统思想的影响下,认为使用速溶咖啡的妇女就是一个懒惰的家伙，很难接受自己是一个使用速溶咖啡来打发家人的家庭主妇；其二，这款产品在彻底颠覆人们对咖啡的使用习惯，改变一个习惯是各种产品面对的最具挑战性的课题。

当学生分析完案例中的实验以后，教师可以进一步推进问题，让学生提出完善本次实验的方案，并且鼓励学生举一反三地思考(沃尔特·D. 斯科特，2007)，除了速溶咖啡，对纸尿裤、一次性餐具等完全改变了消费者生活习惯的产品，在销售过程中应该如何做出恰当的判断。

🕐 课堂时间计划

课堂介绍。	5 分钟
让学生熟悉速溶咖啡的推销困难。	5 分钟
讨论 1：如果在人们只能接受磨豆咖啡的时代由你来推销速溶咖啡，你将考虑哪些因素？	15 分钟
讨论 2：结合本案例中的推销策略，请分析如何将改变人们生活习惯的产品推销出去。	30 分钟
讨论 3：你如何评价速溶咖啡推销中的心理因素的实验？该实验还有什么改进之处？	25 分钟
教师总结。	10 分钟

❓ 问题分析

1. 如果在人们只能接受磨豆咖啡的时代由你来推销速溶咖啡，你将考虑哪些因素？

①速溶咖啡的口感。例如，是否和磨豆咖啡的味道相差无几，甚至更优。

②速溶咖啡的销售渠道是否健全？例如，有无促销活动、试喝体验等。

③速溶咖啡的主要受众是哪些人？包括这些人的性别、年龄、职业、收入等。

④宣传文案是否体现了速溶咖啡的独特性与卖点？例如，是否体现了省时省力、经济实惠等内容。

2. 结合本案例中的推销策略，请分析如何将改变人们生活习惯的产品推销出去。

在产品推销过程中，不仅是产品本身的质量、广告的宣传、销售的渠道等很重要，购买者的心理因素也是十分重要的。要仔细分析潜在购买者的购买动机是什么，只有了解了有关产品销售的心理学知识，才能很好地将这些知识应用于产品销售，从而成功地说服别人来购买产品。

3. 你如何评价速溶咖啡推销中的心理因素的实验？ 该实验还有什么改进之处？

心理学家发现美国妇女带有一种偏见，认为逃避劳动是应该被谴责的行为，速溶咖啡并没有给人留下好的印象。通过实验，研究人员最终发现速溶咖啡被拒绝的原因并不是产品自身问题，而是人们的动机。这很好地说明了在产品销售过程中销售人员不仅仅要考虑产品、广告等客观因素，更要关注购买动机这一举足轻重的心理因素。

实验可改进之处是，本实验在评价按不同购物单购物的主妇的性格时采用的是开放式问答，可以考虑采用性格量表的形式，这样既方便统计，又有很高的信效度。

🔧 后继应用

1. 可以让学生举一反三，看看心理因素在所有产品的推销中的作用。

2. 将本案例涉及的产品推销技巧应用到现有的产品推广中去。

3. 将推广产品时运用的心理因素应用到推销人、思想、新闻中去。

参考资料

丁家永. 广告心理学——理论与策划（修订版）. 广州：暨南大学出版社，2005.

管益杰，王詠，马谋超. 现代广告心理学（第三版）. 北京：首都经济贸易大学出版社，2012.

黄合水. 广告心理学（修订版）. 北京：高等教育出版社，2011.

舒咏平. 广告心理学教程（第二版）. 北京：北京大学出版社，2010.

王中义，王贤庆，黎泽潮. 广告创意思维. 合肥：合肥工业大学出版社，2005.

吴柏林. 广告心理学. 北京：清华大学出版社，2011.

沃尔特·D. 斯科特. 广告心理学(修订版). 李旭大，译. 北京：中国发展出版社，2007.

余小梅. 广告心理学. 北京：北京广播学院出版社，2003.

16. USP 理论

"只融在口，不融在手"巧克力营销

冯 源

摘要

1954 年，美国玛氏公司苦于新开发的巧克力豆不能打开销路，找到了广告大师罗瑟·瑞夫斯。玛氏公司是美国比较知名的私人企业，特别是在巧克力的生产领域具有相当的优势。但是这次公司为新开发的巧克力豆所做的广告不成功，在销售上没有取得太大效果。公司希望瑞夫斯能构想出一个与众不同的广告，从而打开销路。瑞夫斯认为，一个商品成功的因素应该就蕴藏在商品之中，而 M&M's 巧克力豆是当时美国唯一用糖衣包裹的巧克力。根据这个与众不同的特点，瑞夫斯仅仅花了 10 分钟便形成了广告的构想——M&M's 巧克力豆"只融在口，不融在手"(melt in your mouth, not in your hand)。广告语言简意赅，朗朗上口，特点鲜明。这句家喻户晓的广告语——"只融在口，不融在手"——至今依然在美国盛行着。瑞夫斯不断对本广告涉及的规律进行扩充和完善，最终提出了 USP(unique selling proposition)理论。

关键词

USP 理论、产品自身优势

1954 年，美国知名的玛氏公司苦于新开发的巧克力豆不能打开销路，找到了广告大师罗瑟·瑞夫斯。玛氏公司在巧克力的生产上具有相当的优势，但这次公司新开发的巧克力豆由于广告做得不成功，销售成绩很不理想。公司希望瑞夫斯能设计出一支独特新颖的广告，为新开发的巧克力豆打开销路。

瑞夫斯认为，一个商品成功的因素就蕴藏在商品之中，而 M&M's 巧克力豆是当时美国唯一用糖衣包裹的巧克力。巧克力是很多孩子都爱吃的零食，但是普通的巧克力很容易融化，特别是当年幼的孩子吃的时候，他们的手指不灵活，而且吃得慢，巧克力经常就会融化在孩子的手里，弄得满手、满脸甚至满身都是，为此家长们也很烦心。但是 M&M's 巧克力豆因为有糖衣包裹，既保留了巧克力原有的柔滑香甜，又克服了其易融化的不足，对孩子和家长来说都是极大的优点。瑞夫斯认为，广告只有一个功能，即把产品的独特性告知消费者。而玛氏公司的这款巧克力豆有这么明显的优点，根本不愁写不出能够打动消费者的广告语。于是，瑞夫斯写了一个提纲：

第一，广告必须传达销售主张，这个主张必须让消费者明白“买了这样的商品，我获得了什么样的特殊利益”。

第二，这个主张必须是竞争对手做不到、没有、无法提出的，在品牌和诉求方面是独一无二的。

第三，这一主张必须集中在一个焦点上，强力打动、感染和吸引消费者。

第四，利用心理学原理，广告字数不能超过 9，因为毕竟广告词是要在短时间内吸引受众的，必须遵循短时记忆的原理（短时记忆容量为 7 ± 2 组块）。

第五，由于人们的记忆特征以声音编码为主，所以广告词必须顾及朗朗上口的特征，让受众念起来痛快淋漓，且容易记忆。

通过这个提纲，瑞夫斯想出了这句经典的广告语：M&M's 巧克力豆，只融在口，不融在手。

后来，瑞夫斯不断地丰富这一广告规律，提出了著名的 USP 理论。USP 理论认为，影响广告效果的主要因素是选择对产品的哪种特征加以传播。随着瑞夫斯不断地对 USP 理论进行扩充和完善，他提出，所有广告语都可以遵循这样一个特有的句型，即“特有的承诺＋事实性理由”。例如，牙膏的广告语“清洁牙齿，清新口气”，美国施利茨啤酒的广告语“每一个瓶子都用蒸汽清洗过”，狗粮的广告语“延长寿命，因为含有特殊的骨髓”，等等。

根据 USP 理论，广告设计和广告文案必须要针对产品的特征做出一套完整、有力的宣传计划，这样才能完美地体现产品的特点，激发消费者的购买动机。

💡 教学目标

本案例通过讲述瑞夫斯的巧克力营销经典案例，阐述了在产品推销过程中挖掘产品自身优势的重要性。只有挖掘了产品自身优势的广告，才能发挥出它特有的魅力，否则广告会变成没有灵魂和说服力的简单而无趣的说明书。

本案例为描述性案例，适用于组织行为学、管理心理学、人力资源管理、广告心理学、营销心理学等课程中关于产品推销的教学内容，即在产品销售中应考虑买方和卖方的心理因素的作用。

👥 教学对象

本科生、研究生。

👤 课堂讨论

1. 在一个新产品将要推销的时候，你将考虑哪些最主要的因素？

2. 结合本案例中的推销策略，分析如何让受众更快、更自愿地接纳产品。

3. 你如何评价本案例和 USP 理论？本案例的广告方案还有什么改进之处？

👥 教学计划

案例讨论前，教师可以让学生通过阅读先了解广告心理学在广告中的作用，产品销售中需要懂得的心理学知识，以及如何应用心理学知识来说服别人购买产品等相关内容(丁家永，2005；王中义，王贤庆，黎泽潮，2005；余小梅，2003)。

课堂开始时，教师可以引导学生思考，在一个新产品出现的时候，应该从哪些角度分析产品本身的优势？如何利用这些优势说服受众？如何迅速抓住受众的注意力？如何让受众自觉自愿地购买新产品？在产品优势和受众心理接纳力之间，如何利用心理学原理展现广告的魅力？

在讨论过程中，可以把影响产品优势的各个因素都罗列出来，从产品质量（如从该巧克力的原材料、口感等方面进行分析）到产品特点（如从该巧克力"只融在口，不融在手"的特点、颗粒较小方便小孩子拿取等方面进行分析），再到在同类产品中该产品有什么独特之处（如从巧克力的颗粒大小恰好适合孩子、不像其他巧克力那样会融化在手里等方面进行分析），这些不同特点跟受众心理的结合度怎样（如这种只融化在口的特征恰好适合喜欢巧克力的孩子和女士），受众怎么才能认识到这些特点（怎样用最简单而强有力的方式让受众知道这款巧克力的特点，如对文案简洁、诵读起来朗朗上口等因素的分析），如何让受众接受该产品的不同（如这款产品利用了各种活动、专卖店、玩具等进行销售）。同时，也涉及在产品的推销过程中如何利用短时记忆原理设计广告字数，如何利用发音发声原理设计广告文字部分的内容，一直到最后的购买意愿，以至于销售结果，每个步骤教师可以都做适当的讲解，然后让学生根据每个步骤的内容，到案例里面寻找真正影响到 M&M's 巧克力豆销售的因素到底是什么（管益杰，王詠，马谋超，2012；舒咏平，2010；黄合水，2011）。

当学生分析完案例中的实验以后，教师可以进一步推进问题，让学生提出完善本案例中的广告的方案，并且鼓励学生举一反三地思考（沃尔特·D. 斯科特，2007），除了对 M&M's 巧克力豆的推销，还有对电动汽车、恒温恒湿房产、手环式手机等在同类产品中特别有特色的产品的推销，如何让消费者接纳它们的特点并且阐述这类产品的后续服务应该是怎样的。

⏱ 课堂时间计划

课堂介绍。	5 分钟
让学生熟悉 M&M's 巧克力豆的推销困难。	5 分钟
讨论 1：在一个新产品将要推销的时候，你将考虑哪些最主要的因素？	15 分钟
讨论 2：结合本案例中的推销策略，分析如何让受众更快、更自愿地接纳产品。	30 分钟
讨论 3：你如何评价本案例和 USP 理论？本案例的广告方案还有什么改进之处？	25 分钟
教师总结。	10 分钟

问题分析

1. 在一个新产品将要推销的时候，你将考虑哪些最主要的因素？

①产品质量以及特点。

②在同类产品中，该产品有什么独特之处。

③这些不同的特点跟受众心理的结合度如何。

④在产品推销过程中，利用短时记忆原理设计广告字数，利用发音发声原理设计广告文字部分的内容。

⑤销售渠道是否健全。

2. 结合本案例中的推销策略，分析如何让受众更快、更自愿地接纳产品。

在产品推销过程中，不仅是产品本身的质量、广告的宣传、销售的渠道等很重要，购买者的心理因素也是十分重要的。要仔细分析潜在购买者的购买动机是什么，只有了解了有关产品销售的心理学知识，才能很好地将这些知识应用于产品销售，从而成功地说服别人来购买产品。

3. 你如何评价本案例和 USP 理论？ 本案例的广告方案还有什么改进之处？

瑞夫斯通过构想出一句与众不同的广告语"只融于口，不融于手"而打开了巧克力豆的销路，并根据广告规律提出著名的 USP 理论。只有完美体现产品特点的广告语才能打动消费者，使消费者产生购买欲望和拥有这一产品的强烈动机。在以后的产品推销中，不要将广告做成没有灵魂和说服力的说明书，要挖掘产品的优势和不可替代性。

改进之处：广告语的作用确实不容小觑，但影响某一产品的因素是很多的，从产品自身到文案撰写，再到推广渠道以及心理因素等，都应该予以考虑，这样才能更好地打动消费者。

后继应用

1. 可以让学生举一反三，看看心理因素在所有产品的推销中的作用。

2. 将本案例涉及的产品营销技巧应用到现有的产品推广中去。

3. 将推广产品时运用的心理因素应用到推销人、思想、新闻中去。

参考资料

陈培爱. 广告学概论. 北京：高等教育出版社，2004.

丁家永. 广告心理学——理论与策划（修订版）. 广州：暨南大学出版社，2005.

管益杰，王詠，马谋超. 现代广告心理学（第三版）. 北京：首都经济贸易大学出版社，2012.

黄合水. 广告心理学（修订版）. 北京：高等教育出版社，2011.

舒咏平. 广告心理学教程（第二版）. 北京：北京大学出版社，2010.

王中义，王贤庆，黎泽潮. 广告创意思维. 合肥：合肥工业大学出版社，2005.

沃尔特·D. 斯科特. 广告心理学（修订版）. 李旭大，译. 北京：中国发展出版社，2007.

余小梅. 广告心理学. 北京：北京广播学院出版社，2003.

17. 身份经济学
iPhone 品牌的高端与高调

傅鑫媛

摘要

2007 年 1 月，乔布斯在美国旧金山发布了初代 iPhone 手机，距今已 10 年有余。在这段时间里，iPhone 及其追随者成功地把人们带入了智能手机的时代。在中国，iPhone 一度是财富、时尚和身份的象征。但近年来 iPhone 从"上帝手机"的神坛走下并进入寻常百姓家，变成了"街机"，逐渐远离了它的高端属性。高端品牌在发展中会有大众化的趋势。iPhone 在乔布斯时代的高端产品线上基本上只有黑、白两种颜色，但其他颜色也有很大的市场需求。因此，iPhone 在靠着低调、冷艳的气质打动文化精英、时尚精英和媒体精英后，开始着手迎合中低端消费人群，逐步增加了金、玫瑰金、亮黑、银色以及多姿多彩的 iPhone 5c 色系。被视为高端身份消费的 iPhone 日渐并入高调眼球消费的大众化轨道，其高端基因在一定程度上遭到了破坏。再加上产品的创新日渐乏力，iPhone 这一高端品牌很难在延伸扩张中依旧享有众多的受众。总的来说，眼球消费的大众化策略虽然能够让产品畅销一时，但也存在远离昔日身份消费的风险。

关键词

身份经济学、高端、高调、眼球消费、身份消费

iPhone 品牌发展历程

初代 iPhone

2007 年 1 月，乔布斯在美国旧金山发布了初代 iPhone。半年后，售价为 499 美元的 4GB 版本和 599 美元的 8GB 版本在美国开售。虽说这款手机甚至缺乏一些基本的功能且不支持 3G 网络，但多点触控的全新交互模式给人们带来了许多惊喜。

iPhone 3G

2008 年 6 月，苹果公司正式发布了 iPhone 3G。尽管 3G 网络掉线、电池续航时间短等问题接踵而至，但消费者对 iPhone 3G 的热情丝毫不减，上市 3 天销量便突破了 100 万部。2009 年 10 月，iPhone 3G 终于正式登陆中国内地。

iPhone 3GS

2009 年 6 月，iPhone 3GS 正式发布。相比于上一代产品，它在配置方面有所提升。运行内存由 128 兆提升到 256 兆，并且支持自动对焦和视频编辑等功能。

iPhone 4

2010 年 6 月，苹果公司发布 iPhone 4。消费者的狂热也再次让人震惊，iPhone 4 上市 3 天销量便突破 170 万部，这种狂热也逐渐蔓延至中国。在北京三里屯苹果公司零售店门前，"黄牛"为了抢位置不惜拳脚相向，而该店为了维持秩序，不得不宣布停售 iPhone 4。

iPhone 4s

2011 年 10 月，在乔布斯逝世的前一天，苹果公司发布了 iPhone 4s。Siri 的加入让手机与人工智能结合在一起，使得人机交互方式迈进了新的领域。2012 年 1 月，iPhone 4s 在中国内地正式开卖。

iPhone 5

2012 年 9 月，苹果公司正式发布新一代产品 iPhone 5。iPhone 5 的出现可以说是 iPhone 品牌发展史上的又一个重要节点。苹果终于抛弃了 3.5 英寸(1 英寸约为 2.54 厘米)的屏幕，转而使用 4 英寸屏幕。4G 网络的加入和新的闪电接口，让苹果喊出了"有史以来改变最大的 iPhone"的口号。

iPhone 5s & iPhone 5c

2013 年 9 月，苹果公司发布新型号 iPhone 5s，并首次将中国纳入首发国家。iPhone 5s 在机身颜色上进行了大胆改革，首次推出了"土豪金"。就在发布 iPhone 5s 的同时，苹果又推出了一款中端机型 iPhone 5c。它采用聚碳酸酯材质，拥有五种颜色，分别是蓝色、粉色、黄色、绿色和白色。由于配置较低但售价较高，iPhone 5c 不得不在两年后悄然退市，这条产品线也从此销声匿迹。

iPhone 6 & iPhone 6 Plus

2014 年 9 月，苹果推出了两款大屏手机：iPhone 6 和 iPhone 6 Plus。颜色有深空灰色、银色和金色。iPhone 6 配备了 4.7 英寸 1334×750 像素的屏幕，iPhone 6 Plus 配备了 5.5 英寸 1920×1080 像素的屏幕。苹果因此喊出了"岂止于大"的宣传口号。

iPhone 6s & iPhone 6s Plus

2015 年 9 月，苹果推出了 iPhone 6s 和 iPhone 6s Plus。这两款大屏手机有金色、银色、深空灰色和玫瑰金色四种颜色。这一代的改进全部集中到了手机内部。绝大多数女性购买 iPhone 6s 的原因是其全新的玫瑰金配色。在此之后，似乎许多手机都多了玫瑰金这款颜色。

iPhone SE

2016 年 3 月，苹果又推出了 4 英寸的 iPhone SE。它可以简单地理解为是 iPhone 5s 的配置增强版。4 英寸的小巧机身虽然手感舒适，但被大屏手机惯坏了的消费者似乎并不喜欢。根据其销量和市场反应来看，iPhone SE 很可能再步 iPhone 5c 的后尘。

iPhone 7 & iPhone 7 Plus

2016 年 9 月，苹果发布了 iPhone 7 和 iPhone 7 Plus。这两款手机拥有金色、银色、玫瑰金色、黑色、亮黑色五种颜色。尽管有了双摄像头、取消耳机插口等突破，但外界认为这些变化对消费者的吸引力并不大，创新乏力。

评论：曾经的身份象征，iPhone 在中国渐渐失宠

在中国，iPhone 一度是财富、时尚和身份的象征。很多消费者都把他们使用的手机视为个人身份的构成要素，这促使他们选择"高大上"的 iPhone 手机。但近年来，iPhone 从"上帝手机"的神坛走下并进入寻常百姓家，变成了"街机"，逐渐远离了它的

高端属性。

高端品牌多数起源于精英阶层。这个阶层有独特的生活品位，并形成了对产品独特的审美标准。精英阶层的生活塑造了高端品牌，高端品牌也成了精英阶层的身份标识。可以说，高端品牌带有一种与生俱来的标签属性，属于身份消费。高端品牌在其发展中会有大众化的趋势。大众化趋势使高端品牌将其高端基因进行放大与稀释并成为一种符号，使中端消费者可以使用这种符号来表征自身的高端属性，使新贵人群可以使用这种符号来作为跻身精英阶层的敲门砖。在这一符号化过程中，高端品牌向高调延伸扩张，逐渐成为一种眼球消费。对于品牌高端与高调的关系，心理学研究者曾经让一批消费者对诸多品牌就上述两个属性进行评价，然后以身份消费特性为横轴、眼球消费特性为纵轴，勾勒出一个二维坐标系，再根据消费者的评分将各个品牌在二维坐标系中标记出来，这样可以让人们对这些品牌的高端和高调情况一目了然，也可以让商家清晰地评估出自家品牌在大众化进程中的发展态势与处境。

iPhone 5c 有白色、粉色、绿色、蓝色和黄色五种配色可选，iPhone 5s 及之后的 iPhone 6 系列有深空灰、金色和银色三种配色可选，iPhone 7 系列有金色、银色、玫瑰金色、黑色和亮黑色五种配色可选，而苹果在乔布斯时代的高端产品线上基本上只做黑、白两色。由于其他颜色也存在大量的市场需求，苹果在靠着黑白低调冷艳的气质打动文化精英、时尚精英和媒体精英后，着手迎合中低端消费人群。因为在他们的内心，"一个公认有品位的高端牌子加上符合我自己审美的外观是更完美的组合"。一个被最伟大的数码产品天才创立的顶级品牌，突然在它的高端产品上加上了"土豪金"，加上了白、黄、粉、绿、蓝，放大了该品牌的高端基因，满足了中低端消费人群长久以来的渴望。但"眼球消费"的策略也存在风险。例如，针对在国内销售火爆的"土豪金"iPhone，罗永浩曾在微博上深表担忧："文化和时尚精英们会喜欢一个金光闪闪的，性感豹纹的，珠光宝气的苹果吗？……当潮流精英们放弃一个品牌的时候，土豪们也会跟风放弃它，土豪最瞧不起的就是只有土豪认可的品牌。"高端品牌能否在延伸扩张中依旧享有众多的受众和极高的附加值，在于其高端基因本身。如果这一基因遭到破坏，再加上产品的创新乏力，那么该高端品牌将很有可能被消费者抛弃。

💡 教学目标

本案例通过介绍 iPhone 品牌的发展历程及其大众化过程，分析高端与高调作为品牌的两大属性在营销策略中扮演的不同角色。iPhone 一度是财富、时尚和身份的象征，但近年来变成了"街机"。这一大众化趋势及当下 iPhone 品牌的发展处境，体现了身份在人们经济行为中的重要性。本案例借此向学生介绍现代经济学的一个新方向：身份经济学(identity economics)。

👥 教学对象

本科生、研究生。

👤 课堂讨论

1. 为什么说"在中国，iPhone 一度是财富、时尚和身份的象征"？

2. 为什么 iPhone 5c "生来多彩"却在两年后悄然退市，产品线也从此销声匿迹？请结合产品的高端与高调两个属性予以分析。

3. 请结合身份经济学的理论评述 iPhone 的大众化之路。

👥 教学计划

案例讨论前，安排学生预习相关的理论和背景知识，包括学习身份经济学的理论和高端与高调的品牌属性知识，上网收集 iPhone 发展的时代和社会背景，并阅读相关参考文献。

课堂讨论时，让学生就案例发表自己的见解，帮助学生加深对案例的了解。

案例分析时，①让学生针对"为什么说'在中国，iPhone 一度是财富、时尚和身份的象征'"展开讨论，引导学生从身份经济学理论的视角分析和讨论案例；②让学生针对"为什么 iPhone 5c '生来多彩'却在两年后悄然退市，产品线也从此销声匿迹"展开讨论和分析，引导学生结合品牌的高端与高调两个属性予以分析；③让学生结合身份经济学的理论评述 iPhone 的大众化之路。

案例讨论结束时，教师就身份经济学和品牌属性的理论进行梳理，并和学生一起总结前面的案例分析与讨论过程。

⏱ 课堂时间计划

案例背景资料介绍。	10 分钟
学生回顾和总结案例内容。	5 分钟
讨论 1：为什么说"在中国，iPhone 一度是财富、时尚和身份的象征"？	20 分钟
讨论 2：为什么 iPhone 5c"生来多彩"却在两年后悄然退市，产品线也从此销声匿迹？请结合产品的高端与高调两个属性予以分析。	20 分钟
讨论 3：请结合身份经济学的理论评述 iPhone 的大众化之路。	20 分钟
教师就身份经济学和品牌属性的理论进行梳理，并和学生一起总结前面的案例分析与讨论过程。	15 分钟

？ 问题分析

1. 为什么说"在中国，iPhone 一度是财富、 时尚和身份的象征"？

身份经济学的相关理论认为，人们不仅在乎自我利益，也在乎把自己融合到一个特定的社会范畴中，即纯粹自我利益与相关身份的偏好共同存在，通过加入不同的社会群体，寻求个人品格与期望的自我形象（self-image）的一致，这样人们最终的行为选择才趋向于较多的个人福利。为了使自己成为所期望的那个人，个体将选择加入某个社会群体，因为该群体的品性能使自己趋近期望中的自我。

iPhone 在乔布斯时代属于高端产品线上的产品，靠着低调、冷艳的气质打动了文化精英、时尚精英和媒体精英。它惊人的价格、时尚的外形和高贵的气质成为精英阶层的身份标识。与生俱来的身份标签属性让 iPhone 一度成为财富、时尚和身份的象征。这样一来，所有想要趋近精英自我形象的消费者就都会购买 iPhone，以期成为有品位和有身份的人。广大消费者借此加入 iPhone 一族，转而获得 iPhone 标定的"高大上"的身份，从而向理想中的自我靠拢。

133

2. 为什么 iPhone 5c "生来多彩"却在两年后悄然退市，产品线也从此销声匿迹？请结合产品的高端与高调两个属性予以分析。

对于品牌高端与高调的关系，心理学研究者曾经让一批消费者就上述两个属性对诸多品牌进行评价，然后以身份消费特性为横轴、眼球消费特性为纵轴，勾勒出一个二维坐标系，再根据消费者的评分将各个品牌在二维坐标系中标记出来，这样人们就可以对这些品牌的高端和高调情况一目了然，生产商也可以据此清晰地评估出自家品牌在发展进程中的具体态势与处境。以宝马为例，研究发现，它的高调属性处于中上水平，高端属性处于中下水平。可见，在消费者的眼里，宝马的高调已经多于高端。高端与高调属于消费者知觉品牌的两个维度，而消费者对品牌的知觉会直接影响到他们的购买意愿和购买行为。

iPhone 5c 有白色、粉色、绿色、蓝色和黄色五种配色可选，迎合了中低端消费人群。苹果在它的高端产品上加上白、黄、粉、绿、蓝多种颜色，属于高调的眼球消费策略，虽然畅销一时，却在两年后悄然退市，产品线也从此销声匿迹。iPhone 5c 的高调属性折损了它的高端大气。应该说，iPhone 的高端基因在 iPhone 5c 上遭到了一定程度的破坏，再加上这个系列较低的配置和较高的售价，因而定位十分尴尬，并最终被消费者抛弃。

3. 请结合身份经济学的理论评述 iPhone 的大众化之路。

身份经济学的理论认为，每个人都隶属于宗教、性别、职业等多种社会身份，每种身份都有与其相对应的行为规范或准则，这些规范或准则构成了经济产出的社会机制，影响着消费者的经济行为。人们选择的行为并不总是为了获得最大化的自我利益，他们也关心自己的社会身份，想要获得、维持或改变某种社会身份都会直接影响到消费者的行为。

品牌具有标定身份的属性，这一属性的保护与延续要求品牌渠道在保持一种不饱和的状态下，尽可能地完成对目标市场的有效覆盖，简言之就是"少而精贵、缺而不滥"。而近年来，iPhone 从"上帝手机"的神坛走下并进入寻常百姓家，变成了"街机"。这一大众化之路或许已经偏离了 iPhone 延展策略的初衷，与高端身份消费渐行渐远，而日渐并入高调眼球消费的大众化轨道。

高端品牌在发展中会有大众化的趋势。伴随大众化过程而发生的可能是品牌购买群体的简单转移，可能是新的市场领域的开发，也可能是原有市场的全面崩塌。只有明确品牌的市场定位及其对消费者社会身份的标签作用，才可能在高端与高调之间做好利弊权衡，使得这两个属性在品牌的延伸扩张中相得益彰，而不是两败俱伤。

🔧 **后继应用**

1. 让学生收集其他品牌的发展历程，并结合身份经济学的理论和高端与高调的品牌属性知识予以分析。

2. 营销方案设计：让学生选取某真实的品牌，结合身份经济学的理论和高端与高调的品牌属性知识，设计一个促进该品牌发展的可行性营销方案。例如，如何保护该品牌的高端属性，如何使该品牌成为其目标购买群体的身份标识等。

参考资料

王爱君. 身份经济学研究述评. 经济学动态，2011(10).

Akerlof, G. A. , & Kranton, R. E. Economics and Identity. *Quarterly Journal of Economics*，2000，115(3).

Kirman, A. , & Teschl, M. Searching for Identity in the Capability Space. *Journal of Economic Methodology*，2006，13(3).

Meagher, K. *Identity Economics：Social Networks and the Informal Economy in Nigeria*. Oxford：James Curry，2010.

Truong, Y. , Simmons, G. , McColl, R. , et al. Status and Conspicuousness—Are They Related? Strategic Marketing Implications for Luxury Brands. *Journal of Strategic Marketing*，2008，16(3).

18. 金钱与幸福感

天价卖掉公司的他如今却感到绝望

丁美婷

摘要

《我的世界》(*Minecraft*)是一款一经推出就迅速吸引了大批忠实玩家的游戏，由魔赞(Mojang)公司在 2009 年开发上线。该游戏有着惊人的玩家数量，其下载量以及排行在各大应用商店里也名列前茅。2014 年，因这款游戏上市后成绩惊人，微软为了拓展自己的业务，向魔赞公司开出了接近 25 亿美元的收购价。魔赞公司 CEO 皮尔森(Persson)为了游戏的发展，经过充分了解，与微软达成了收购协议。皮尔森个人从此次收购中获益 15 亿美元。有了钱后的他开始挥金如土，奢靡过度。但在过了一段时间这样的生活后，他开始感到迷茫与孤独，认为自己无法找到人生的意义。

关键词

金钱与幸福感、贫穷经历、自控力、需要层次

成为"有钱人"一定是大多数人的梦想。瑞典籍男子皮尔森在 35 岁时凭借游戏《我的世界》，将其建立的魔赞公司以接近 25 亿美元的价格卖给了微软。在我们看来，他似乎后半生随意做些什么便可以衣食无忧，但事态的发展出乎人们的意料——获得巨额收购款的皮尔森日渐低迷，甚至感到无法找到人生的意义。

游戏《我的世界》

自 2009 年发布以来，《我的世界》的销量已经突破了 3500 万。这款游戏更是在多

个平台突破了千万销量。其中移动版的销量突破 2100 万，多次进入苹果应用商店畅销榜前三十。

这款游戏没有方向，没有等级优势，也没有明显的目标，玩家可以在虚拟的三维空间中自由地创造和破坏不同种类的方块，构建精妙绝伦的建筑物，画风简单，玩法出奇，整个游戏过程非常注意玩家的游戏体验。玩家们可以在一个无尽的世界中探索、收集资源、挖隧道，建造他们可以想象出来的任何东西，可以是一间小房子，也可以是整个宇宙，同时要躲避各种可能的危险。《地牢守护者》的开发者彼得·莫利纽克斯（Peter Molyneux）说："《我的世界》是一款在策划上十分出色的游戏，这款游戏没有太多的规则限制，玩家们几乎可以无限制地自定义，该游戏有着非常活跃的玩家社区。"

《我的世界》的创始人皮尔森在接受采访时披露，当时开发这款游戏只用了不到一周的时间，做这款游戏的目的是赚钱做下一款游戏。随着游戏的问世，他成了业内屈指可数的成功者之一。《我的世界》在 2011 年 GT（Game Trailers）年度评选中获得年度最佳创新奖。

魔赞公司被收购始末

2014 年，因《我的世界》销售成绩出色，微软对魔赞公司发出了收购要约，开价接近 25 亿美元。微软此举意在为薄弱的微软移动平台吸引用户。这个数字几乎是魔赞公司 2013 年销售额的 8 倍。对比同期游戏公司的收购案来看，这笔交易显得十分庞大。微软认为，如果可以为 Windows Phone（WP）用户提供一种独特、有趣的体验，而且这种体验是其他平台所不具备的，那么微软就可以面向现有《我的世界》的粉丝销售设备。

此次收购完成后，创始人皮尔森要离开他的工作室魔赞和他的游戏《我的世界》。在给粉丝的公开信中他表示，正是这款游戏的人气使他离开了这个他满怀爱意创建的工作室。他还讲述了《我的世界》如何渐渐地成了他的负担。人们说他改变了游戏产业，打破了行业规则，但他却在另一名开发者身上看到了自己所恐惧的未来。尽管《菲斯》（Fez）这款游戏远远不如《我的世界》有名，但其开发者菲尔·费什（Phil Fich）却因对游戏设计的独特尝试和评论成了一名网络红人。同样，与名气相伴而来的是一大批憎恨开发者的人。皮尔森在费什身上看到了自己的未来。皮尔森表示自己无法承受如今《我的世界》玩家众多，承受不起这种开发压力，出售魔赞公司不是为了钱，而是为了自己的心智健康。

他在公开信中写："我不想成为一个偶像，为那些我所不理解的事物负责。我不是一名企业家，也不是一个 CEO，我只是个喜欢在网上吐槽的呆子程序员。"同时由于玩家众多，系统维护的压力越来越大，不断出现的系统漏洞也让皮尔森认为自己的团队规模过小。为了让游戏能够更好地发展，随后皮尔森亲自接触了微软，两家公司很快达成了收购的共识。收购完成后，35 岁的皮尔森从中获益 15 亿美元，之后便离开了魔赞公司。

公司被收购后，皮尔森个人获得巨额收购款。没有人知道皮尔森会拿这笔巨款做什么，是继续创业还是享受人生？

关于皮尔森

皮尔森出生于一个很普通的瑞典家庭。在他很小的时候，父母就离异了。他小时候的居住环境较为荒凉，我们能够从他设计的游戏中荒芜的背景看到确实如此。他在父母离异后跟随父亲生活，但后来父亲由于抵抗抑郁症而经常酗酒，最后在醉意中开枪结束了自己的生命。皮尔森从小便过着贫苦的日子。他感言，"直到现在也品尝不出来什么酒是便宜的什么是贵的"。皮尔森对自己童年的描述就犹如游戏《我的世界》所呈现的那样——"我们住的地方只有两条紧邻着的环路，那里有森林和牧草，我经常在森林里穿梭"。

皮尔森的工作以写代码为主。随着公司被收购，皮尔森原本打算想用这笔钱开发出继《我的世界》后的第二个爆款游戏，但故事的发展却未能如他所愿。

有了钱之后，皮尔森开始去著名赌城拉斯维加斯挥金如土，一晚上损失多少钱他也不以为意。他在赌博的过程中体会到了下注的快感，赌注金额之大引人跟风投注。他觉得自己是一位慷慨的雇主。他开着私人飞机带员工去度假，在豪华游艇上开派对、喝香槟，他还开跑车到处兜风，甚至以 7000 万美元的价格买下了美国加利福尼亚州洛杉矶市比弗利山庄最贵的豪宅。他名下的房产也不止一处。他开始学习高尔夫球并在世界上最重要的球场打球。为了进入上层社会，他与名人一起喝价格不菲的名酒。他出手阔绰，快意人生，好不潇洒。

谁都会觉得他会继续享受这种生活，人们认为如果花钱能够稍微节省点儿，他就可以一辈子衣食无忧。但皮尔森的社交网站的画风突变令谁也没有想到。他写道："大量的金钱会让人失去继续努力的动力，人际交往也因为背景的失衡变得十分困难"，"在伊比沙岛与一帮朋友和名人聚会，做我想做的事情，但我从来没有觉得如此孤独"。虽然成了众人口中的那个拥有一切的人，他却在哀叹有钱后的世界不太美妙。"当初卖掉公司的时候，最努力争取的就是确保每个员工都能有个好结果，但是现在他们每个人都恨我。"皮尔森的每条信息都充斥着迷茫、孤独、无聊等字眼。有了钱后，他觉得他自己并不知道谁是真正的朋友，觉得自己拼命想加入的圈子和自己原来是那么格格不入。

在《我的世界》发行后，他自己又开始编写了几个游戏程序，但都没有什么市场效果。他也这样描述自己："我没有耐心更无法坚持，我甚至需要编写几天代码后带着全家去马尔代夫群岛度假一周，然而当我回来再次坐在电脑前时，我甚至无法专心起来。"

他的生活状态比以前更糟糕了。"空虚"成了他心理健康的头号敌人。网友对他有贬损，也有具体的建议。但他今后的生活究竟如何继续，他是否能对生活重拾热情，这一切都该由皮尔森自己来决定，给自己定下合适的人生目标并去寻找属于他自己的人生意义。

故事的后续

最近，有新闻报道称皮尔森再次开始了自己的编程工作。我们仿佛再次看到了一位高产工作者的身影……

💡 教学目标

本案例通过对比皮尔森在公司被收购前后的不同的生活与精神状态，旨在帮助学生理解金钱与幸福感的关系、贫穷经历对自控力的影响以及需要层次理论的相关原理。

教学对象

本科生、研究生。

课堂讨论

1. 皮尔森获得大量金钱后为什么没有收获幸福感？根据皮尔森的经历，思考金钱与幸福感的关系。金钱与幸福感之间有哪些心理机制？

2. 皮尔森成长过程中的贫穷经历给他带来了什么影响？

3. 从需要层次理论的角度分析，如何能够让皮尔森重拾人生意义。

教学计划

案例讨论前，让学生预习金钱与幸福感的关系的相关理论和研究结论。对成长过程中的贫穷经历对自控力的影响进行相关文献资料的收集、查阅与理解，复习马斯洛的需要层次理论。

课堂讨论时，教师可征询学生对皮尔森在公司被收购后的情绪和行为变化的评价，然后让学生复述案例的基本内容，加深学生对案例的了解。

案例分析时，①引导学生思考金钱和幸福感的关系，探讨金钱与幸福感之间存在的心理机制，结合案例进行小组讨论。②分析皮尔森在公司被收购后的情绪和行为变化时，引导学生对早期家庭生活贫穷可能给皮尔森带来的影响进行思考，将讨论引导至早期贫穷经历对自控力的影响上。③从需要层次理论的角度进行讨论，分析皮尔森为什么如今会感到绝望和迷茫，让学生对皮尔森如何重拾人生意义提出相关建议，深化对需要层次理论的认识和应用。这一问题为开放式问题，学生可各抒己见，提出相关建议。在此环节，教师可以组织小型辩论和分组讨论。

案例讨论结束时，教师总结，对学生的发言进行汇总、梳理，指出靠金钱获得幸福感是有前提条件的，早期贫穷经历对个体的影响会反映到成年后的经济行为中。

⏰ 课堂时间计划

案例背景资料介绍。	5 分钟
学生复述案例内容。	5 分钟
对案例进行评价、思考。	5 分钟
讨论 1：皮尔森获得大量金钱后为什么没有收获幸福感？根据皮尔森的经历，思考金钱与幸福感关系。金钱与幸福感之间有哪些心理机制？	20 分钟
讨论 2：皮尔森成长过程中的贫穷经历给他带来了什么影响？	20 分钟
讨论 3：从需要层次理论的角度分析，如何能够让皮尔森重拾人生意义。	20 分钟
总结及练习。	15 分钟

❓ 问题分析

1. 皮尔森获得大量金钱后为什么没有收获幸福感？ 根据皮尔森的经历，思考金钱与幸福感的关系。 金钱与幸福感之间有哪些心理机制？

从本案例可看出，大量的金钱最终并没有给皮尔森带来幸福感。研究表明，金钱与幸福感之间呈弱相关关系，金钱与幸福感之间也没有直接的因果关系。

皮尔森拿到的巨额公司收购款同样没能给他带来幸福感，这似乎与我们头脑中已有的生活概念并不相符。因为金钱在人们的日常生活中扮演着重要的角色，人们总是通过金钱这个中介去获得想要的东西，但事实上金钱的作用被夸大了。金钱对幸福感的影响是相对的。大量研究表明，金钱与幸福感之间存在某些心理变量在调节着两者的关系。影响幸福感的因素分为内部因素、外部因素。相关研究表明，外部因素与幸福感之间只存在中等相关关系。

金钱与幸福感之间的关系通过各种心理因素的交互作用产生影响。金钱通过人格、目标、动机、社会比较、适应与压力等中介变量对幸福感产生影响。思考金钱与幸福感的关系时，应充分考虑可能存在的心理机制带来的影响。

2. 皮尔森成长过程中的贫穷经历给他带来了什么影响？

近年的研究表明，贫穷对个人的发展有一定的影响。儿童早期的贫穷经历会影响个体的自我控制水平。贫穷环境中的儿童因比非贫穷环境中的儿童更少受到父母关注而存在多种自我调节的缺陷。成长环境中的资源稀缺问题造成低收入家庭儿童的自我控制能力和延迟满足能力较低，容易表现出注意控制等问题。贫穷经历对个体的情感调节以及神经系统具有持久的副作用。

皮尔森在童年早期生活贫穷。成年后他做什么事情似乎都没有耐心，注意力容易分散。例如，带领全家出去旅行放松后，对编程工作无法再专心起来；拥有了大量金钱后挥霍无度，对自己的行为没有很好的规划和控制力。我们能够从他身上看到童年早期贫穷经历对自控力造成的负面影响。

3. 从需要层次理论的角度分析，如何能够让皮尔森重拾人生意义。

马斯洛把需要分为生理需要、安全需要、爱和归属需要、尊重需要与自我实现需要五大类。一种需要得到满足就会上升为对更高级需要的追求，上升成为优势的需要将成为人们行为的新动力。

皮尔森用金钱购买了豪宅并且提高了自己的生活水平，实现了低级需要。但是他认为自己的社交情况不太理想，他不知道谁才是能够给自己支持的真朋友，他觉得自己并没有真正得到上层社会的认可与尊重，内心不认可自己的价值，他在社交网站上发表一些悲观且显得不够自信的信息，他曾经的员工也因没有很好的归宿而怨恨他，这一些似乎都说明皮尔森的尊重需要没有得到很好的满足。

对于生活他感到空虚，不知道自己存在的真正意义。纸醉金迷的生活显然与他当个平凡程序员的梦想背道而驰。生活的巨大改变一时麻痹了他的心智，他甚至感到迷茫。他在寻找人生的意义去充分满足自己的自我实现需要。

可以根据皮尔森的理想愿景给皮尔森提一些具体的行动建议与阶段化目标，从而更好地帮助皮尔森转换生活状态，重新追寻人生的意义。

✦ 后继应用

1. 结合社会心理学和经济心理学的理论知识，制订一套帮助他人提高自控力的方案。

2. 列举若干拥有巨大财富同时又享有幸福的个案，分析这些人是如何平衡金钱和幸福感的关系的，并总结这些人的做法的共同之处。

参考资料

金雪军，杨晓兰. 行为经济学. 北京：首都经济贸易大学出版社，2009.

斯蒂芬·罗宾斯，蒂莫西·贾奇. 组织行为学（第 16 版）. 孙健敏，王震，李原，译. 北京：中国人民大学出版社，2016.

19. 幸福经济学

CEO 自降薪水为员工加薪之后

窦东徽

摘要

西雅图的一家信用卡支付公司重力支付（Gravity Payments）创始人兼 CEO 丹·普莱斯（Dan Price）突然决定，在接下来的 3 年，将这家 120 人的信用卡支付公司的最低年薪提高到 7 万美元（约 43 万元人民币），并为收支平衡将自己的薪水直降 90 万美元。这个事件的传播效果很好，也有助于业绩的增长，但是事情的发展却不像人们想的那样一帆风顺。在随后的一年中，这一打造公平环境之举打击了管理层的积极性，员工薪资的大幅提高也很容易导致公司财务紧张，普莱斯本人甚至因此与亲人对簿公堂。

关键词

利他行为、金钱与幸福感、参照依赖

为应对经济全球化的冲击以及国内经济不景气的挑战，越来越多的美国企业选择通过增加员工的最低薪资的方式来提高企业竞争力。西雅图的一家信用卡支付公司比其他众多老牌美国大企业显得大方得多。该公司创始人兼 CEO 普莱斯将自己的年薪降了 90 万美元，并计划让所有员工的年薪都超过 7 万美元。

"良心老板"一夜爆红

普莱斯从小就展现出惊人的商业天赋。他在 19 岁时就创办了重力支付公司，约有

120名员工。普莱斯不仅是这家公司的创始人，也是CEO。在创办重力支付公司的初期，公司的薪酬标准也是依照市场标准制定的，CEO的年薪是百万美元，普通员工的年薪大约是5万美元。到底是什么改变了普莱斯公司的薪酬制度呢？据普莱斯透露，在一天的午休期间，普莱斯和他的员工随意地聊着一些话题，但当聊到薪资待遇时，员工的话透露出了些许失落，大多数员工认为较低的工资水平低让他们很没尊严。普莱斯想到了自己，自己也是公司的一员，不仅年薪百万，有车有房，还养着一条狗。为了提高员工的收入水平，普莱斯决定把钱拿出来给员工养家，因为他受到了刊登在《美国科学院院报》上的一篇论文的启发。该篇文章由普林斯顿大学学者丹尼尔·卡尼曼撰写，详细地研究了收入与生活质量、情绪的关系。卡尼曼发现人们的收入增加会改善生活，但不一定会增加幸福感，但是对于年薪7.5万美元以下的人来说，收入的增加对生活质量的改变有着巨大的意义。为了增加员工的幸福感，普莱斯做出了令所有企业家都大吃一惊的决定：全公司的员工包括清洁工人的年薪都必须在3年内涨到7万美元。为了平衡公司的开支，普莱斯自愿把自己的百万年薪降至7万美元，直到公司赚回相应的利润。

加薪决定一出，公司员工受到了鼓舞，各大媒体的头条也纷纷刊登这一消息。据《商业内参》报道，普莱斯的决定使许多员工的生活发生了翻天覆地的变化。之前年薪只有4万美元的23岁小伙儿迪科·保曼的年薪涨到了6万美元，他表示自己的年薪还会继续涨，终于敢和妻子要第一个孩子了。做客户代表的单身母亲艾丽莎·奥尼尔也可以搬到离公司更近的公寓了，这次搬家减少了她每天将近两小时的上下班时间，她表示自己可以在工作上取得更好的成绩。

越来越多的人把普莱斯的加薪举措和社会问题联系起来。当前在美国，精英阶层的收入远高于基层员工的收入，且这种现象在美国经济的复苏过程中愈演愈烈，造成了非常大的社会压力。重力支付公司所在的城市把工人的基本工资上调至每小时15美元，因此普莱斯成为企业界和劳工团体的注意焦点，他的做法也成了广大社会运动者对抗"冷酷剥削"的精神象征。

总的来说，普莱斯的举措受到了各方的好评，他几乎成了所有员工眼中的良心老板，也成了创业公司的明星新秀和为劳动者说话的英雄。普莱斯表示现在许多杂志都邀请他做封面专题报道，就连名校的教授也对他进行个案研究，公司的求职信和感谢信几乎堆满了整间办公室，当然其中也不乏单身女性的求爱信。

数据显示，在普莱斯执行新政的一年里，员工薪酬普遍增长 45%，高于同行业的薪资水平。公司每月平均新增企业客户 200 个。普莱斯的新政因为新闻的宣传而起到了非常好的作用。新政实施初期，公司总部的营业额大幅上涨，较去年公司新增 4145 个新客户，同比增长 55%。虽然其中也有担心服务费上升和服务质量下降的客户终止了合作，但是总体客户流失率仍保持在 5%～8%。

事情的进展并不皆大欢喜

首先，普莱斯的新政的最大消极影响就是大量有价值的管理成员离职。以一位为公司服务了 5 年的前财务经理为例，他认为"均富"和"大锅饭"会使那些为公司付出较多，所在岗位技术含量高或者工作职责更重要的员工感受到不公平，因为所在岗位技术含量低和刚入职的员工的薪资增长速度远远快于前者。格兰特·莫兰也是对这个加薪方案心存不满的员工之一，他平时的工作职责主要是网页开发。虽然随着新政的实施，他的薪资水平也得到了一定程度的提升，但是当他看见每天偷懒的员工和自己领一样的薪水，提高薪资水平之后反而把表现好的员工和表现不积极的员工一概而论时，他开始担心这样的工作氛围会使自己的工作能力和业务竞争力下降，所以决定离开。

其次，虽然新闻的热度上升的同时为公司带来了大量的客户，但是新客户只有在 12～18 个月后才会给公司带来利润。普莱斯不得不为客户量的大幅增加而聘用新的员工。用工成本不断增加，企业收益增长缓慢，普莱斯现在陷入了两难的困境。

最后，公司客户群体所持的观点和社会大众所持的观点不同。公司的收益主要来自中小企业，但这些企业恰恰对美国上调基本工资的呼声最为敏感。一些保守派客户认为普莱斯的新政是站在劳动者一方的，一些客户则担心日后会加收他们的服务费，尽管普莱斯一再强调不会因为调薪而增加服务费，但这也不能阻止一些客户群体的流失。这种现象不仅发生在客户群体中，也出现在了普莱斯的企业家朋友圈中。一部分企业家认为普莱斯的新政非常高明，另一部分却认为他的新政非常"白痴"。大多数企业家认为普莱斯让他们显得吝啬、小气，但是事实上他们也付不起这样的薪水。

另外，一夜爆红虽然为普莱斯带来了前所未有的收益，但是他并没有为爆红后的生活做好准备。疯狂的邀约和信件轰炸分散了他对公司的注意力，这对公司来说自然没什么好处。但其实最让普莱斯伤心的是，与他一起创业的亲兄弟卢卡斯(Lucas)不顾手足情，一纸诉状将他告上法庭。起诉理由是普莱斯侵犯了少数股东的利益，违背合约，挪用公司资金用于个人开销。普莱斯作为大股东占 67% 的股份，卢卡斯占 33% 的股份。因为公司利润的 80% 都用于支付员工的薪水，所以这意味着如果官司败诉，普莱斯不仅没钱支付律师费，也不能凑钱买回股权。好在法庭驳回了卢卡斯的起诉，因为他没有足够证据证明普莱斯之前的 1000 万美元工资是过度回报，同时也没办法证明给员工涨工资侵犯了小股东的利益。另外，法庭也认为普莱斯的薪酬政策公平合理，责令卢卡斯支付给普莱斯律师费。

事后普莱斯说虽然自己单身，生活开支少，但一年 7 万美元真心不够花，所以普莱斯为了增加收入，把自己唯一的一套房子挂在爱彼迎网(Airbnb)上，三间卧室外加一个泳池每晚收费 950 美元。

近况及尾声

普莱斯作为人生赢家不仅赢得了官司，也赢得了员工的支持。在他实行新政的一年里，员工数量不断增长，员工的生活质量也有了质的提高。员工为感谢普莱斯一年的付出，一起凑钱给他买了一辆他梦寐以求的特斯拉。普莱斯大为感动，立刻把新车的照片传到社交网站上炫耀员工对自己的爱。也许对普莱斯来说，员工对他的爱才是他最珍贵的东西吧。

💡 教学目标

本案例通过介绍一位公司 CEO 自降薪酬为员工大幅加薪后产生了一系列正面效果以及一些意想不到的麻烦的事例，旨在帮助学生理解和探讨金钱的激励作用及其边界条件、金钱与幸福的关系和参照依赖的相关原理。

教学对象

本科生、研究生。

课堂讨论

1. 普莱斯为员工涨薪之后对员工有何积极影响？为什么会有这些积极的变化？

2. 为何从政策中获益的员工仍会选择离职？

3. 为何最让普莱斯伤心的是与亲人对簿公堂？这反映了什么心理学原理？

4. 如何评价普莱斯的做法及效果？普莱斯此举是否让自己更幸福了？

教学计划

案例讨论前，让学生预习金钱与幸福感的关系的相关理论和研究结论，包括金钱和社会关系的替代作用、金钱促进幸福感的条件以及利他行为在经济生活中的意义和稀缺对个体的影响。

课堂讨论时，教师可征询学生对普莱斯为员工涨薪行为的普遍态度，然后让学生复述案例的基本内容，加深学生对本案例的了解。

案例分析时，①首先引导学生对普莱斯此举的动机做出客观评价：初衷是利己的还是利他的？②在讨论普莱斯此举的积极效果时，着重探讨金钱促进幸福感和工作效率的作用条件或边界。③分析为何从政策中获益的员工仍然会选择离职时，将讨论引导至参照依赖的问题上，强调幸福的主观感受在很大程度上受制于相对参照标准的选择。④分析为何与亲人对簿公堂给普莱斯带来最大的烦恼时，重点分析亲密关系对幸福感的重要作用，以及金钱和社会关系的替代作用。⑤"普莱斯此举是否让自己更幸福了"为开放式问题，学习者可各抒己见。在此环节，教师可以组织小型辩论和分组讨论。

案例讨论结束时，教师总结：普莱斯此举让他获得了良好的社会声誉，但并没有让所有员工感到满意，同时亲密关系的丧失也降低了其幸福感，因此，好的初衷未必能带来好的回报，幸福还需要平衡更多的关系。

⏲ 课堂时间计划

案例背景资料介绍。	5 分钟
学生复述案例内容。	5 分钟
对普莱斯此举的动机分析。	5 分钟
讨论1：普莱斯为员工涨薪之后对员工有何积极影响？为什么会有这些积极的变化？	15 分钟
讨论2：为何从政策中获益的员工仍会选择离职？	15 分钟
讨论3：为何最让普莱斯伤心的是与亲人对簿公堂？这反映了什么心理学原理？	15 分钟
讨论4：如何评价普莱斯的做法及效果？普莱斯此举是否让自己更幸福了？	15 分钟
总结及练习。	15 分钟

❓ 问题分析

1. 普莱斯为员工涨薪之后对员工有何积极影响？ 为什么会有这些积极的变化？

从本案例可以看出，首先，涨薪有助于提高员工的幸福感；其次，涨薪有助于员工提高生产效率；最后，企业良好的社会声誉带来了更多认同这种价值观的客户，增加了企业盈利，声誉和效益的增长反过来又能增加员工的向心力和凝聚力。

稀缺理论：资源稀缺不仅会增加个体的财务负担，更会消耗个体的认知资源，使得员工无法将全部精力投入工作。涨薪则减少了稀缺感。

幸福促进工作效率的原理：弗雷德里克森的积极情绪拓展理论认为，积极情绪使得个体的认知得以拓展，有利于新的想法和产品的出现。

2. 为何从政策中获益的员工仍会选择离职？

这两个人的离开可以用参照依赖理论进行解释，也就是员工不仅关心自己所得报酬的绝对值，而且关心自己所得的报酬与其他人的相对高低。员工会与其他人进行种种比较，确定自己所得的报酬是否合理，比较的结果将直接影响员工日后工作的积极性。普莱斯忽略心理学常识，一口气把某个薪资水平以下的员工全都拉到更高水平，一视同仁，结果是其中能力与贡献较高的员工心生不满，就算不离职，以后也会消极、怠惰。

3. 为何最让普莱斯伤心的是与亲人对簿公堂？ 这反映了什么心理学原理？

心理学理论指出，亲密关系是幸福感重要且稳定的源泉。卢卡斯是普莱斯的亲兄弟，两人本相当亲近，如今却因为这个涨薪方案而反目，还对簿公堂，这种亲密关系的丧失比事业上的起伏更大地影响了普莱斯的幸福感。另外，心理学研究也发现，金钱和社会关系之间存在替代关系。普莱斯牺牲了自己的财富，更希望在亲密关系中得到补偿，而亲人反目让这种补偿无法实现；对其兄弟卢卡斯来说也是如此。

4. 如何评价普莱斯的做法及效果？ 普莱斯此举是否让自己更幸福了？

从利他的动机出发，提高员工工资水平能够在一定程度上提高员工的幸福感和工作效率，企业美誉度的提高带来客户的增加，有利于企业的盈利，这是物质方面的收益；涨薪方案让员工更幸福，提高了员工对 CEO 的忠诚度和满意度，优化了人际界面，增加了亲密关系，也能够提高幸福感，这是心理方面的收益。但是，这一举措并不能让所有利益方满意，包括合伙创业的亲人、原本就享受高薪的部分管理人员、保守派客户等，这些社会关系的恶化也会导致财务损失和社会关系的缺失。但是总体来说，普莱斯实践了自己的想法，赢得了大多数员工的支持（员工送他的特斯拉就是明证），获得了良好的社会声誉。从目前的结果来看，利他的动机还是收到了良好效果的。

🔧 后继应用

试着帮普莱斯设计一个能让离职员工回心转意的方案。

参考资料

彭凯平. 经济人的心理博弈：社会心理学对经济学的贡献与挑战. 中国人民大学学报，2009，23(3).

斯蒂芬·罗宾斯，蒂莫西·贾奇. 组织行为学（第16版）. 孙健敏，王震，李原，译. 北京：中国人民大学出版社，2016.

20. 过度自信

高权力感带来过度自信的决策

于泳红　梁培培

摘要

2000 年，美国在线 CEO 斯蒂芬决定以天价并购时代华纳，带来的结果是公司巨额亏损。2010 年，英国石油公司租赁的"深水地平线"海上钻井平台在美国墨西哥湾水域发生爆炸并沉没，给公司带来巨大损失，而资料显示该公司的高管甚至一度认为这种重大事故几乎不可能发生。这些过度自信的权力者最终都做出了错误的决策，不仅使个人职业生涯遭受了重大挫折，也使公司和股东蒙受了巨额经济损失。

法斯特(Fast)等人通过 5 个实验考察了是什么原因导致权力者做出过度自信的决策，还明确了过度自信的决策在什么情况下最容易出现。5 个实验表明，权力的心理体验会导致决策任务中的过度自信。研究采用了大量的关于权力和过度自信的实验，如情境回忆任务(实验 1～实验 3)、工作环境下权力的测量(实验 4)和高权力低权力角色的随机分配(实验 5)。这些实验都一致支持权力增加了人们对自己思想和信仰的过度自信这一预测。而且，即使使用金钱激励被试要保证决策任务的准确性，权力感引发过度自信的效应依然存在。

关键词

过度自信、权力感、权力者、决策

2000 年，美国在线的 CEO 斯蒂芬以 3300 亿美元并购了时代华纳，这是当时史上最大的并购案。先不说他对这场交易能带来稳定收益和绩效增长的信心，单在第一季度就损失了 540 亿美元股东价值就导致了他的卸任。

2010 年 4 月 20 日,英国石油公司租赁的"深水地平线"海上钻井平台在美国墨西哥湾水域发生爆炸并沉没,造成 11 名工人死亡,其开采的马孔多油井大量漏油,导致约 490 万桶原油泄漏,直到当年 7 月 15 日泄漏点才被完全封闭。这给当地渔业、旅游业和餐饮服务业造成了重大打击,还带来了巨大的生态灾难,酿成了美国历史上最严重的石油泄漏事故。事故发生后不到 2 个月,英国石油公司在各方压力下被迫创建了一笔 200 亿美元的基金,专门用于赔偿漏油事件的受害者,并建立了专门的索赔机构运作该基金。受墨西哥湾漏油事件影响,英国石油公司公布的财务报表显示其 2010 年出现近 50 亿美元的亏损,是自 1992 年来的首次年度亏损,与 2009 年的盈利 139.55 亿美元形成鲜明对照。就在 2009 年,英国石油公司的高管非常自信地弱化了墨西哥湾石油泄漏的风险,监管机构甚至说这种重大事件几乎不可能发生。

就像这两个案例一样,很多领域的权力者做出的决策都是过度自信的决策。而且,在权力者被过度自信困扰的同时,过度自信产生的后果也很严重。像美国在线和英国石油公司那样,在没有得到充足的信息时做重大决策不仅会影响个人的表现和维持权力的能力,也经常会损害公司、股东和大众的利益。

尽管权力者的过度自信已经备受关注,但是很少有人知道权力者出现过度自信的社会和心理因素。有研究人员通过 5 个实验考察了是什么原因导致权力者做出过度自信的决策,还明确了过度自信的决策在什么情况下最容易出现。

实验 1

实验 1 以美国中西部一所大学的 41 名学生为被试,让被试回忆并写下一段有权力或者没权力的个人经历。高权力组被试写下一段控制他人能力、得到自己想要的东西或者位于评估他人的职位的经历,低权力组被试写下被他人施加权力的经历。完成对权力的操作后,被试要回答一系列经过改编的真实问题(Russo & Schoemaker,1989)。研究人员要求被试在 95% 的置信区间给出准确答案,如针对"马丁·路德·金去世时的年龄"这一问题,要求被试的答案落在 95% 的置信区间。

实验 1 的结果表明,高权力组被试给出了比低权力组被试更窄的 95% 置信区间。计算被试准确命中正确答案次数的平均值,也显示了对答案的信心和准确值有交互作用,而且高权力组被试相对于低权力组被试更不可能找到准确答案。这说明高权力组被试设置了比低权力组被试更窄的置信区间，而这种过度自信使得他们更缺乏对自身知识评估的精确性。

实验 2

在实验 2 中，研究者以 241 名大学生为被试，同样用情境回忆任务操作权力变量，接下来让被试作为组织代表完成雇用任务，即推荐一个冰球队并且选出他们认为该球队中表现最好的球员。最后，测量被试预估所有球员表现的信心。研究者从国家冰球联盟选择了实际的统计数据，以此来评估被试判断的准确性。

实验结果为：高权力组被试比低权力组被试和中权力组被试设置了更窄的置信区间，高权力组被试在选择最优学员时的置信区间比低权力组被试的更窄，高权力组被试和中权力组被试的区别也很显著，低权力组被试和中权力组被试之间并无差异；在准确性上，高权力组被试与中低权力组被试相比，运动员实际表现和被试置信区间的差距更大。结果表明，在实际判断决策中权力导致个人对知识准确度过高估计。

实验 3

实验 3 以 156 名成人为被试，考察了权力和过度自信之间的因果关系。通过情境回忆任务将被试分为高权力感、低权力感和中性权力感三组，同时用量表评定了他们的自信水平和正性及负性情绪。

实验结果表明，被试在自信和权力感上没有性别差异，而权力感的操作对被试的自信及情绪产生了显著影响。具体表现为：高权力感组被试比中性权力感、低权力感组被试更自信；高权力感组被试比中性权力感、低权力感组被试有水平更高的积极情绪；在负性情绪上，三组之间没有显著差异；中介效应的检验发现，在权力和自信之间，权力感的中介效应显著，而积极情绪的中介效应不显著。概括地说，权力导致一个人对自己的思想和能力更自信，而且这种效应是权力者的主观权力感在调节，即只有当操作权力产生权力感时，权力才会导致过度自信。

实验 4

实验 4 以专业不同、权力水平不同的 80 名成人为被试，检验是权力感引起了过度自信，而不是过度自信导致更高的权力感。本次实验用被试对他们所要回答的问题是否下赌注和输赢金额来衡量过度自信。当工作角色被突出时，权力高的被试出现过度自信，在知道赢钱机会很小的情况下下了更大的赌注。实验结果比实验1和实验2更明显，高权力被试表现更差，损失更多钱。

实验5

实验5通过阻碍权力感，进一步探索权力感在权力和过度自信之间的调节作用。实验前会告知43名大学生被试这个实验的目的是检验工作环境中的社会相互作用。他们扮演经理（高权力）和员工（低权力），经理22人，员工21人。每个被试有一个在相同隔间里的伙伴，经理要指导员工完成一项任务，然后评估并决定员工的表现是否值得嘉奖。这些信息会在经理电脑的剪切板上得到证实，首页写着"经理"的标题，还有评估员工表现的选项，页面底部有两个选项："我的员工的表现值得1美元的奖励"和"我的员工的表现不值得1美元的奖励"。如此安排，高权力被试很清楚地知道自己扮演的是一个高权力角色，有权力评估和奖励他们的合作伙伴。此外，所有被试都要完成对他们的领导天分的评估（领导力天分量表）。电脑会随机给被试呈现分数，被试会看到他们的得分"非常棒"或者"差"。

为了评估过度自信，被试可以在6个琐碎的问题上用分配给他们的8美元下赌注。和实验4相比，被试并没有接收到下赌注"是很不理性的"的信息。相反，6个问题都只有2个选项，表明他们至少有50%的机会是正确的。在读完问题并给出答案之后，被试表示他们对自己的答案的信心，并且决定是否为自己的答案下赌注。在这项研究中，自信就是被试损失或者获得了多少钱。

实验结果为：在领导天分测试中，收到积极反馈的高权力组被试比收到消极反馈的高权力组被试损失了更多钱；低权力组的情况与之相反，但是并不显著。这些结果进一步支持了权力导致过度自信和高权力者在决策任务中表现更差的观点。在实验4中，高权力组被试也损失更多，但是这种效应在权力者产生无力感时会被消除。

结　果

该研究确立了权力感在权力和过度自信之间的至关重要的角色。第一，是权力感而不是情绪在调节权力和自信之间的关系(实验3)。第二，权力感在双向调节权力和过度自信以及权力和金钱损失的关系。当一个人的工作权力没有被突出强调(实验4)和权力者在权力领域产生无力感(实验5)时，权力和过度自信之间的联系会被切断。因此，权力通过权力感导致过度自信。

💡 教学目标

1. 本案例通过讲述美国在线和英国石油公司两大公司的高管做出错误决策的事件，引出权力和过度自信的关系问题。

2. 本案例通过介绍一个实证研究，明确了权力感在权力和过度自信之间的作用，还解释了高权力并不一定导致过度自信，只有通过权力感，高权力才能起作用，相反的，消除权力感，也可以起到消除过度自信的作用。

3. 本案例通过两个公司的真实事例引发学生对现实问题的思考，通过实证研究引发学生思考如何通过可控制的实验来探究现实问题的发生机制。

👥 教学对象

本科生、研究生。

👤 课堂讨论

1. 结合过度自信理论来分析为何美国在线和英国石油公司的两名高管在做出重大决策时会出现失误。

2. 根据案例中的实证研究来分析权利者过度自信的主要原因是什么。该研究是如何得出这一结论的？是否能够采用一定的策略来消除权利者的过度自信以提高决策的准确性？

3. 除了案例给出的导致权利者过度自信的原因以外，还有哪些因素会导致权力者过度自信？

👥 教学计划

案例讨论前，让学生查阅并预习阿尔珀特和雷发(Alpert & Raiffa，1982)的文章，穆尔、库尔茨伯格和福克斯等人（Moore，Kurtzberg，Fox，et al.，1999）的论文，以及社会心理学关于过度自信的理论。

案例讨论时，先详细介绍 2000 年美国在线并购案的经过及 2010 年英国石油公司漏油事件的处理过程，重点介绍两家公司的高管在事件中的表现，引导学生思考为什么公司的权力者在外界诸多质疑和专业评定的证据面前都没有意识到自己的判断可能是错误的。

在对案例中的实证研究进行分析时，重点引导学生讨论如何将一个现实问题转换为一个研究问题。该研究不仅考察了权力与过度自信的关系，明确了权力感的中介作用，还对今后的干预措施进行了研究，即消除权力感可以避免过度自信。这为今后的实践工作提供了思路。

案例讨论结束时，教师总结权利者过度自信的表现主要为发起企业的并购行为，大量研究表明在过度自信的权利者做出并购决策后企业的市值会下降。最后，教师启发学生思考过度自信作为人类做出决策时的一种普遍表现对投资者会有什么样的影响，如何测量投资者的过度自信以及过度自信会带来哪些具体后果等。

🕐 课堂时间计划

学生复述案例内容。	5 分钟
讨论 1：结合过度自信理论来分析为何美国在线和英国石油公司的两名高管在做出重大决策时会出现失误。	20 分钟
讨论 2：根据案例中的实证研究来分析权力者过度自信的主要原因是什么。该研究是如何得出这一结论的？是否能够采用一定的策略来消除权力者的过度自信以提高决策的准确性？	20 分钟
讨论 3：除了案例给出的导致权力者过度自信的原因以外，还有哪些因素会导致权力者过度自信？	15 分钟
教师总结。	10 分钟
教师启发学生思考。	20 分钟

⑦ 问题分析

1. 结合过度自信理论来分析为何美国在线和英国石油公司的两名高管在做出重大决策时会出现失误。

社会心理学的研究发现，在做决策或判断时大多数人会高估自己的能力，不能进行准确的判断。具体表现为在判断任务上，判断者的信心水平很高，而实际的判断准确性却很低。大量的会聚研究表明，判断者的自信水平和判断准确性之间几乎没有相关性。公司的权力者也不例外，他们在做决策时也会出现高估自己判断能力的现象。例如，公司的权力者在考虑并购时，首先他们选定一个收购目标，然后对收购目标的真正价值进行评估。如果自己的估值高于收购对象的市值，就会发起收购。正是在这个价值评估过程中，公司的权力者往往会受过度自信的影响，极度相信自己判断的准确性，排斥或拒绝接受其他反对意见或信息。研究者（Cooper，Woo，& Dunkelberg，1988）对美国企业家的调查也验证了这一点。企业家们认为别人的企业成功的概率只有59％，而自己成功的概率则高达81％，其中只有11％的人认为别人成功的概率为100％，而相信自己成功的概率为100％的则高达33％。

2. 根据案例中的实证研究来分析权力者过度自信的主要原因是什么。 该研究是如何得出这一结论的？ 是否能够采用一定的策略来消除权力者的过度自信以提高决策的准确性？

本案例中的实证研究用5个实验表明权力体验会导致过度自信的决策。研究通过情境回忆任务（实验1～实验3）、与工作相关的权力测量（实验4）、高权力和低权力角色设置（实验5）等关于权力的实验证明，对有权力的人来说，权力会使他们做出过度自信的决策，即使这些决策会给他们带来一定的经济损失。当前研究强调权力感作为中介是导致过度自信决策的关键。其一，调节权力和过度自信决策的中介是权力感，而不是情绪。其二，当权力者的权力并不突出和权力者在他们的权力领域产生无力感的时候，权力和过度自信决策之间的联系会被切断。这些研究结果都表明，只有当客观权力带给人们主观权力感的时候才会导致过度自信的决策，而降低权力感则可消除过度自信，避免会带来损失的决策。

3. 除了案例给出的导致权力者过度自信的原因以外，还有哪些因素会导致权力者过度自信？

除了权力感以外，知识幻觉、控制幻觉也会导致过度自信，而基于证实偏差所产生的选择性注意也会增强个体对支持自己决策的信息加工，进而增强成功体验，也有助于出现过度自信。

🔧 **后继应用**

除了权力者容易做出过度自信的决策以外，投资者群体也表现出很明显的过度自信的决策，典型表现就是频繁交易。由过度自信带来的消极后果还有爱冒险和分散化不足。穆尔、库尔茨伯格和福克斯等人（Moore，Kurtzberg，Fox，et al.，1999）的研究充分地说明了这一结果。研究者让被试将10万美元的初始资金进行分配，并让他们预测自己投资组合后的收益率。将被试操作的结果与实际的市场表现进行比较发现：10年间若将最初的10万美元投到指数基金则将获益38041美元，但被试操作后的实际平均收益只有34962美元；被试预测自己的收益率平均值为8.13%，而他们实际表现出来的收益率为5.50%；被试预测自己操作的业绩将与市场持平，而实际上平均回报率低于市场8%。

参考资料

陆剑清. 现代投资心理学（第三版）. 北京：首都经济贸易大学出版社，2016.

尼克·威尔金森. 行为经济学. 贺京同，那艺，等，译. 北京：中国人民大学出版社，2012.

斯科特·普劳斯. 决策与判断. 施俊琦，王星，译. 北京：人民邮电出版社，2006.

Alpert，M.，& Raiffa，H. A Progress Report on the Training of Probability Assessors. In Kahneman，D.，Slovic，P.，& Tversky，A. (Eds.)，*Judgment under Uncertainty：Heuristics and Biases*. Cambridge：Cambridge University Press，1982.

Cooper, A., Woo, C., & Dunkelberg, W. Entrepreneurs' Perceived Chances for Success. *Journal of Business Venturing*, 1988, 3(2).

Moore, D. A., Kurtzberg, T. R., Fox, C. R., et al. Positive Illusions and Biases of Prediction in Mutual Fund Investment Decisions. *Organizational Behavior and Human Decision Processes*, 1999, 79(2).

Russo, J. E., & Schoemaker, P. J. H. *Decision Traps: The Ten Barriers to Brilliant Decision-Making and How to Overcome Them*. New York: Simon & Schuster, 1989.

21. 群际信任

黄怒波冰岛购地开发旅游项目案例分析

傅鑫媛

摘要

2011 年 8 月，北京中坤投资集团有限公司董事长黄怒波启动冰岛购地开发旅游项目，欲购置冰岛 300 平方千米土地，打造生态旅游帝国。这个项目随即在冰岛政界及民间引发激烈辩论，辩论的焦点集中于外国投资在冰岛经济危机中的作用。批评者关注的是冰岛的国家安全，支持者关注的是冰岛的经济复苏。在接下来一年多的时间里，中坤集团与冰岛政府的这项交易不断受阻。黄怒波积极的冰岛购地行为受到各种质疑。2012 年 1 月，黄怒波称冰岛政府阻止他提出的 800 万美元购地交易。2012 年 5 月，该项目迎来了转机，冰岛政府同意该项目由买转租。2012 年 9 月，黄怒波表示在冰岛租地开发旅游资源事宜已经基本敲定，大约 10 月份在北京签约。至此，沸沸扬扬的冰岛购地一事终于尘埃落定。

关键词

群际信任、权力效应、社会交换理论

2011 年 8 月，北京中坤投资集团有限公司董事长黄怒波启动冰岛购地开发旅游项目，欲购置冰岛东北部格里姆斯塔迪尔地区 300 平方千米土地，打造生态旅游帝国。黄怒波申明这"纯属商业投资"，中坤集团将严格按照当地的规定行事，比如，要在当地注册新的公司，董事会也需要有三分之二以上的冰岛人或欧盟人等。

起　因

当年，在北京大学就读的黄怒波的室友就是冰岛人，叫西尔利。几年前，西尔利到北京看望黄怒波，黄怒波获知西尔利的夫人是冰岛的一位市长，后来又做了冰岛的外交部部长和执政党主席，这样黄怒波跟冰岛的友谊就变得愈加深厚。后来冰岛出现经济危机，政府就给黄怒波一些项目建议，问他能不能投资，其间一些老百姓也找他，咨询能不能把地卖给他用来建厂房……中坤方面就派了一个团队去考察。考察团看到一块地，是当地农民共同拥有的。这块地本是牧场，但是冰岛政府不让放羊了，农民靠政府补贴，但是发生了金融危机，政府补贴就没有了，所以政府打算卖了这块地。

黄怒波冰岛购地开发旅游项目的计划随即在冰岛政界及民间引发激烈的辩论，辩论的焦点集中在外国投资在冰岛经济危机中的作用。批评者关注冰岛的国家安全，支持者关注冰岛的经济复苏。在接下来一年多的时间里，北京中坤投资集团与冰岛政府的这项交易不断受阻。

审　批

一开始，时任冰岛驻华大使克里斯丁·阿纳多提尔女士对购地计划表示支持。不过时任冰岛内政部部长奥格蒙迪尔·约纳松则称："中坤集团的购地计划还没有被批准，政府正在审查投资的相关规则，这一规则对外国人拥有冰岛土地做出了限制。冰岛的法律禁止来自欧洲国家以外的人拥有冰岛的土地，除非他们向政府提交正式的申请，来说明购地行为是个特例。"

拒　卖

2012 年 1 月，冰岛内政部部长约纳松宣布，拒绝中国地产大亨黄怒波购买冰岛北部一大片土地进而进行旅游开发的要求。他说："我们不可能同意这家中国公司购买土地。"黄怒波的冰岛购地行为继续受到各种质疑："为什么一个中宣部原官员会到冰岛购地""是否有军事目的或与北极有关"。批评者警告："中国可能利用这个项目做掩护，以实现地理战略利益。"拥有强势话语权的部分欧美媒体和阴谋论爱好者从一开始就把黄怒波作为商人的个人行为上纲到"北京可能会获得在北大西洋的战略立足点""中国进入北极圈石油开发和航道开发的地缘政治计划"。还有评论惊呼："不必怀疑，亿万富翁黄怒波是中国共产党及中国政府的挡箭牌。"

转　机

一些业内投资专家认为，解决的办法只能是由当地的买家买下土地再租赁，因为这在此前已有先例。黄怒波采用了租赁的策略，绕过购地审批，通过当地政府购地，再租借进行开发。于是，此事在2012年5月终于迎来了转机，冰岛政府同意该项目由"购"转"租"。

协　议

2012年9月，黄怒波表示在冰岛租地开发旅游项目事宜已经基本敲定，大约10月份在北京签约，冰岛方面提出在中国签约，同时中方也提出在冰岛开一场发布会，因为冰岛人也想知道这次合作的情况。黄怒波表示，最终的成交金额大约比原来少200万美元，"成交金额应该在600万美元左右""原来是买，现在是租，我们跟冰岛方面提出租就要降价""这块土地的大部分租期是99年，一部分是45年，到期可以续租"。至此，历经一年多的波折，沸沸扬扬的冰岛购地一事终于尘埃落定。

黄怒波曾在接受媒体采访时表示，冰岛购地失败的结果对他和中坤来说确实是一个打击。因为中坤集团从2007年就开始策划、筹备，并且起初冰岛方面的回应是非常积极的。另外，从2007—2011年申请时的数据来看，冰岛政府共受理25起外国人购地申请，其中仅有一起被拒绝。这些情况都给了黄怒波很大的信心，并曾公开地把自己的这次商业试水描述为"一个中国民营企业国际化的尝试"。虽然曾经的购地计划以失败告终，但最终实现以"租"代"购"，也可谓成功。

💡 教学目标

本案例通过介绍和分析黄怒波冰岛购地开发旅游项目事件，说明社会交换理论的重要性。黄怒波冰岛购地受阻的背后体现了群际信任和权力在社会交换过程中扮演的重要角色，帮助学生理解群际信任、权力和社会交换理论在经济现象中的作用。

教学对象

本科生、研究生。

课堂讨论

1. 冰岛方面为什么在一开始非常积极地想要卖地给黄怒波？

2. 冰岛卖地给黄怒波的收益和损失可能有哪些？冰岛权衡收益和损失的结果与黄怒波购地受阻有什么关联？

3. 该案例对旅游开发业有什么启示？

教学计划

案例讨论前，安排学生预习相关的理论和背景知识，包括学习社会交换理论、群际信任和权力效应的相关知识，上网收集黄怒波冰岛购地开发旅游项目事件的时代和社会背景，并且阅读相关参考文献。

案例讨论时，让学生就案例发表自己的感想，加深学生对案例的理解。

案例分析时，①让学生针对课堂讨论 1 展开讨论。买地卖地属于典型的社会交换行为，引导学生从社会交换理论的视角分析和讨论案例。②让学生针对课堂讨论 2 展开讨论和分析，引导学生结合群际信任和权力效应的相关知识分析黄怒波与冰岛政府之间的社会交换行为。③让学生针对课堂讨论 3 展开分析和讨论，引导学生学以致用，尝试将社会交换理论、群际信任和权力效应的相关知识用于具体实践。

案例讨论结束时，教师对前面的案例分析过程进行总结。将三个方面的理论和知识整理成框架并梳理，和学生一起总结前面的案例分析与讨论过程。

课堂时间计划

学生就案例发表自己的感想。	10 分钟
讨论 1：冰岛方面为什么在一开始非常积极地想要卖地给黄怒波？	20 分钟
讨论 2：冰岛卖地给黄怒波的收益和损失可能有哪些？冰岛权衡收益和损失的结果与黄怒波购地受阻有什么关联？	20 分钟
讨论 3：该案例对旅游开发业有什么启示？	25 分钟
教师总结，将三个方面的理论和知识整理成框架并梳理，和学生一起总结前面的案例分析与讨论过程。	15 分钟

问题分析

1. 冰岛方面为什么在一开始非常积极地想要卖地给黄怒波？

社会交换理论认为，人类的一切行为都受到能够带来某种奖励和报酬的交换活动的支配，因此人类的一切社会活动都可以归结为一种交换。人与人之间不仅交换物质性的商品和金钱，还交换社会性的商品——爱、服务、信息、地位等。人们在社会交换中所结成的社会关系也是一种交换关系。社会交换理论并不主张人们要有意识地去监控付出和回报，只是表明人与人之间的交往受社会经济学的指引——令花费最小化、收益最大化。冰岛当时正处于经济危机当中，因而想要通过卖地换来经济的复苏。正是这样强烈的社会交换动机让冰岛方面在一开始积极地想要卖地给黄怒波。

有关权力影响社会交换的观点认为，低权力主体拥有的资源相比高权力主体更少，对资源的支配能力也更弱，因而依赖与周围人进行社会交换以获取资源的需求更加强烈。经济危机使得冰岛方面在经济发展上的控制感和能力大大降低，而控制感和能力恰恰是一个主体的权力的核心要素。金融危机使得冰岛政府把对格里姆斯塔迪尔地区的农户的补贴都取消了，这般处于低权力状态的现实促进了冰岛方面想要卖地以缓解经济危机的社会交换动机，因而在一开始非常积极想要卖地给黄怒波。

2. 冰岛卖地给黄怒波的收益和损失可能有哪些？ 冰岛权衡收益和损失的结果与黄怒波购地受阻有什么关联？

冰岛方面能获得的收益包括创造更多的就业岗位、增加政府的财政收入、促进文化的对外交流、提升国家的影响力等，可能的损失包括环境遭到破坏、治安受到威胁、本地经济受到冲击等。社会交换理论主张用最小的代价换取最大的利益。人们在进行社会交换决策时，收益越大于损失，就越有可能与他人进行社会交换。黄怒波购地一波三折，说明冰岛方面在权衡卖地的收益和损失时有诸多考虑甚至担忧。从案例资料中也可以看到，反对者质疑"为什么一个中宣部原官员会到冰岛购地""是否有军事目的或与北极有关"，担心"中国可能利用这个项目做掩护，以实现地理战略利益"。

冰岛方面的担忧体现了他们对中国及中坤集团的不信任。冰岛政府和黄怒波属于两个不同的群体，双方的社会交换需建立在群际信任的基础上才能顺利进行。黄怒波购地开发旅游项目意味着双方的长期合作，这就更依赖彼此的信任了。群际信任可以降低群际偏见，促进群际关系的和谐发展。冰岛方面对黄怒波甚至中国的不信任，使得他们在权衡这次交易的收益和损失时存在一定程度的偏见。例如，拥有强势话语权的部分欧美媒体和阴谋论爱好者从一开始就把黄怒波作为商人的个人行为上纲到"北京可能会获得在北大西洋的战略立足点""中国进入北极圈石油开发和航道开发的地缘政治计划"。冰岛方面对黄怒波及其代表的群体缺乏信任，是此次交易阻力重重的重要原因。

3. 该案例对旅游开发业有什么启示？

旅游开发业经常涉及开发者与土地所有者之间的买地卖地交易。开发者想要顺利完成交易，就需要获得土地所有者对旅游开发项目的支持。基于社会交换理论以及群际信任和权力对社会交换的影响，我们可以得到影响土地所有者对旅游开发项目的支持度的理论模型(图 21-1)。

权力对主体的心理和行为都有重要影响。研究发现，在认知层面，高权力者采取自动化的加工方式，更加关注奖赏和机会，且将他人看作实现自己目标的工具；而低权力者采取控制性的加工方式，更加关注惩罚和危险，并将自己看成他人的工具。具

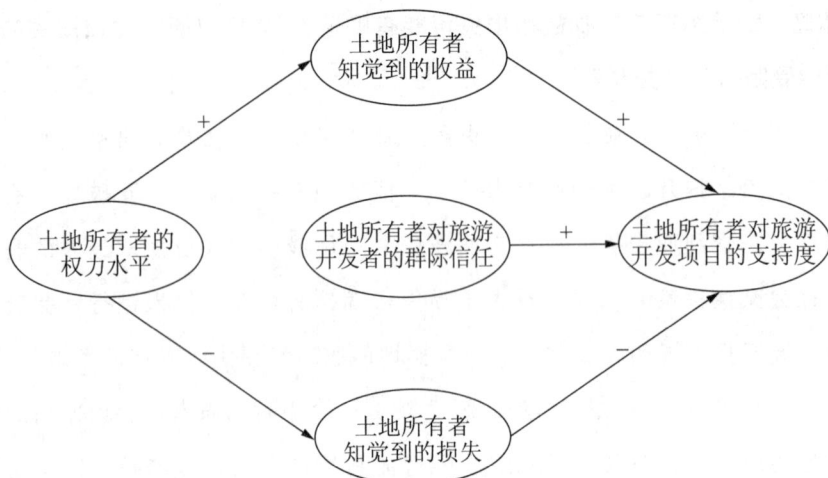

图 21-1　土地所有者对旅游开发项目支持度的影响因素模型

体到开发者与土地所有者之间的买地卖地交易，土地所有者的权力越低，就越多关注损失而越少关注收益，进而越倾向于反对旅游开发项目；而土地所有者的权力越高，就越多关注收益而越少关注损失，进而越倾向于支持旅游开发项目。另外，土地所有者与旅游开发者两个群体之间的群际信任水平也会影响土地所有者对旅游开发项目的支持程度。旅游开发者越能获取土地所有者的信任，土地所有者就越有可能持积极的态度并卖地给旅游开发者，反之则越不可能与旅游开发者进行土地交易。

再回到黄怒波冰岛购地开发旅游项目这一事件上，冰岛当时由于经济危机而处于相对低权力的状态，因而非常关注卖地可能带来的损失，而更少关注这一交易能给冰岛带来的可观商机和就业机会，再加上对黄怒波及其所代表的群体缺乏足够的群际信任，因而购地一事一波三折，最后只能转"购"变"租"。

🔧 后继应用

1. 让学生例举亲身经历的或身边人经历的社会交换行为，如兼职、购买旅游服务、经营网上商店等。

2. 方案设计：让学生基于自己或身边的社会交换实例，结合社会交换理论、群际信任和权力效应三个方面的理论与知识，设计一个促进社会交换的可行性方案。例如，如何提高彼此的信任以促进交换，如何实现共赢以使双方的收益最大化而损失最小化等。

参考资料

辛素飞，明朗，辛自强. 群际信任的增进：社会认同与群际接触的方法. 心理科学进展，2013，21(2).

Blau，P. M. *Exchange and Power in Social Life*. Piscataway，NJ：Transaction Publishers，1964.

Cook，K. S.，Cheshire，C.，Rice，E. R. W.，et al. Social Exchange Theory. In Delamater，J.，& Ward，A.（Eds.），*Handbook of Social Psychology*(2nd Ed.). Berlin：Springer Netherlands，2013.

Nunkoo，R.，& Ramkissoon，H. Power，Trust，Social Exchange and Community Support. *Annals of Tourism Research*，2012，39(2).